Imparfaite, et alors?

Catalogage avant publication de Bibliothèque et Archives nationales du Québec
et Bibliothèque et Archives Canada

Beaupré, Julie, 1975-

Imparfaite, et alors ? : une façon créative pour les mamans de développer leur côté désinvolte et de se
simplifier la vie

Comprend des réf. bibliogr.

ISBN 978-2-89225-699-4

1. Mères - Habiletés de base - Guides, manuels, etc. 2. Mères - Budgets temps. 3. Mères - Relations
familiales. 4. Imperfection. I. Routhier, Anik, 1975- . II. Titre. Développement personnel (Brossard, Québec).

HQ759.B42 2009   646.70085'2 .   C2009-942297-2

Adresse municipale :
Les éditions Un monde différent
3905, rue Isabelle, Brossard, bureau 101
(Québec) Canada J4Y 2R2
Tél. : 450 656-2660
Téléc. : 450 659-9328
Site Internet : www.unmondedifferent.com
Courriel : info@umd.ca

Adresse postale :
Les éditions Un monde différent
C. P. 51546,
Succ. Galeries Taschereau
Greenfield Park (Québec)
J4V 3N8

Dépôts légaux : 4e trimestre 2009
Bibliothèque nationale du Québec
Bibliothèque nationale du Canada
Bibliothèque nationale de France

Conception graphique et mise en pages : OLIVIER LASSER ET AMÉLIE BARRETTE

Typographie : Berthold Akzidenz Grotesk et Hand of Sean

ISBN 978-2-89225-699-4

*Nous reconnaissons l'aide financière du gouvernement du Canada par l'entremise du Programme d'aide
au développement de l'industrie de l'édition pour nos activités d'édition (PADIÉ).*

Gouvernement du Québec – Programme de crédit d'impôt pour l'édition de livres – Gestion SODEC.
Gouvernement du Québec – Programme d'aide à l'édition de la SODEC.

Imprimé au Canada

Julie Beaupré et Anik Routhier

Imparfaite, et alors?

Préfacé par Caroline Allard, auteure des
Chroniques d'une mère indigne

UN MONDE 👫 DIFFÉRENT

Merci à nos familles imparfaites, une source d'inspiration inépuisable pour nos élans créatifs...

Merci Dany, cher PapaRelax, pour ton support constant dans mes projets et ton calme exemplaire.

Merci à vous, *mes amours de filles*, d'être ce que vous êtes et de m'aider à devenir une mère meilleure, bien qu'imparfaite.

Émilie, ma grande *Philosophe*, j'apprécie ton analyse surprenante de la vie, même si cela entraîne chez moi certaines remises en question ;

Sabrina, petite *Dynamite* sur deux jambes, j'admire ton énergie sans borne et ta bonne humeur ;

Gabrielle, mon bébé qui grandit, je suis toujours émue devant la petite *AngeCornue* que tu deviens, tantôt boudeuse, mais si souriante et comique à la fois.

Merci aussi à ma mère, Ginette, sans qui je ne serais pas la mère que je suis.

Je vous aime... Merci d'être dans ma vie.

Anik

Pour chacun des jours de notre vie à deux,

3701 mercis à David, PapaZen, pour ton positivisme, ton gros bons sens et ton amour de la vie.

Pour chacun des jours de notre vie à trois,

2315 mercis à *GrandeSœur*, ma belle et artistique Éloïse. Tu m'impressionnes avec ta façon d'être déjà si grande et sage.

Pour chacun des jours de notre vie à quatre,

1433 mercis à *PetiteSœur*, ma jolie et intense Delphine. Ta couleur pétillante illumine mes journées et la chaleur de tes mains procurent les plus douces caresses.

Pour chacun des jours de notre vie à cinq,

348 mercis à *Frérot*, mon beau Théo. Tu es le bébé le plus zen qui soit. Sans toi, je n'aurais jamais pu me relever aussi vite.

Merci aussi à Mamie, Papi, Lou et Véro pour leurs 34 années de présence, dont quelques jours des plus intensément imparfaits.

Vous m'êtes tous précieux. Merci de faire partie de ma famille.

Julie

Table des matières

En guise d'introduction

« Il n'y a aucune recette pour devenir une mère parfaite, mais il y a mille et une façons d'être une bonne mère. »

Jill Churchill,
romancière américaine

Pourquoi ce livre?

Lorsqu'une femme entre dans le monde de la maternité, sa vie bascule. En garnissant sa bibliothèque de guides tous plus parfaits les uns que les autres, elle rêve de s'épanouir dans son rôle de mère où instinct maternel et amour fusionnel ne font qu'un. Dans cet univers bien nourri par les médias et la société, elle idéalise les défis qui apparaîtront sur son parcours et espère secrètement s'approcher de la perfection dans toutes les sphères de sa vie.

Entre amies ou inconnues, les mères évoquent spontanément les hauts et les bas de leur vie familiale.

Discrètes ou bavardes, elles partagent leurs impressions sur une variété de sujets, du plus commun au plus intime.

Souriantes ou essoufflées, elles sont en quête incessante des meilleurs trucs leur permettant de boucler leurs journées sans être débordées.

Imparfaite, et alors? s'adresse aux mamans* (et aux papas, pourquoi pas!) qui veulent développer ce petit côté désinvolte qui leur simplifiera la vie. Il se veut un guide pratique qui les aidera à cheminer vers une saine imperfection. Un judicieux mélange de collimage (*scrapbooking*) et une démarche inspirée de l'accompagnement individuel (*coaching*) convient les mères à faire un détour du côté de l'indulgence et du lâcher-prise.

---

* Pour nos cousines européennes, afin de faciliter votre compréhension, reportez-vous au lexique à la fin du livre pour les mots accompagnés d'un astérisque.

Imparfaite, et alors?
Quand la simplicité devient un mode de vie!

Préface

Chers lectrices et lecteurs,

Je vous l'avoue d'entrée de jeu, j'ai eu deux petits moments de panique lorsqu'on m'a demandé d'écrire cette préface.

Le premier, c'est quand j'ai lu le titre : *Imparfaite, et alors* ? Laissez-moi rire ! Tout le monde sait bien qu'il n'y a personne de plus parfait que les gens qui proclament leur imperfection. « Oh ! tu sais, je ne suis pas parfaite... », entend-on régulièrement de la bouche de nos connaissances les mieux organisées, vêtues et manucurées. C'est vrai, j'ai craint de me trouver devant un recueil horriblement culpabilisant dont le titre fourbe n'arriverait pas à cacher qu'il avait été écrit par des mères parfaites qui nous expliquaient comment devenir encore plus extraordinaires. Le cauchemar absolu !

Ensuite, n'était-il pas parfaitement farfelu de demander à Mère indigne de préfacer un livre de conseils sensés et de trucs efficaces pour arriver à mieux gérer le quotidien ? Dans mes livres à moi, on ne s'expose qu'à de « mauvaises » idées et à des exemples à ne pas suivre. La lecture de cet ouvrage ne risquait-elle pas de me traumatiser en me plaçant devant l'ampleur de mon incompétence ? Ou bien, pire encore, peut-être que moi-même, toute indigne que je sois, je tomberais sous l'emprise de leur vision rationnelle de concevoir la vie ? Peut-être arriveraient-elles à me réformer et, du coup, à m'enlever toute crédibilité en tant que Mère indigne ? Cette idée était à faire frissonner d'horreur.

Bref, je l'admets, j'étais bien embêtée.

Et puis, faisant preuve d'une bonne foi peu commune chez moi (ou peut-être était-ce seulement une curiosité malsaine), j'ai parcouru leur livre.

Et je suis tombée sous le charme.

Imaginez-vous qu'Anik et Julie sont de vraies imparfaites ! Sympathiques, sans prétention, elles illustrent à merveille, par le biais de leur correspondance, les petits et grands problèmes du quotidien auxquels nous sommes tous confrontés. Et leurs conseils simples et pleins de bon sens parviennent à inspirer même les plus indignes d'entre nous.

Encore mieux, les auteures sortent des sentiers battus et nous offrent une vision de la vie vraiment pratique, et même réconfortante, où elles redéfinissent l'ordre et l'harmonie pour notre plus grand bonheur. J'ai vécu un véritable moment de grâce à la lecture de ce passage : « Je ne prends jamais le temps de ranger mon manteau dans la penderie. J'y place plutôt les vêtements qui sont inutilisés en ce moment. La rampe d'escalier me semble beaucoup plus pratique pour déposer, en moins d'une seconde, nos vêtements d'extérieur, à PapaRelax et à moi. »

Soudain, jeter mon manteau sur la rampe lors du retour à la maison n'était plus de la paresse, mais devenait une stratégie de rangement pragmatique et intelligente ! Je vous le dis, ce fut le coup de foudre.

Bon, c'est sûr, les auteures suggèrent d'établir des objectifs et des échéanciers (argh !), mais elles insistent sur le fait qu'on a le droit de rater son coup (ouf !).

Bref, Anik et Julie se montrent si conviviales et habiles dans leur projet de nous aider à simplifier notre quotidien, qu'il m'est arrivé une chose étrange et inattendue : même s'il est parfait, j'adore ce livre.

Allez, hop ! Je vous quitte, j'ai du rangement à faire dans mes romans policiers et, hum, je ne prévois pas y mettre moins de trois ou quatre heures...

Amicalement,

Mère indigne

Mot d'Anik

Direction imperfection

J'ai souvent eu l'impression d'être une extraterrestre habitant la planète «JenfaipasAssez» (c'est le terme qu'on utilise, sur ce corps céleste, pour parler de culpabilité). Devenue maman, je me suis questionnée des milliers de fois sur mes compétences de mère, de gestionnaire de notre PME (Petite Maisonnée d'Enfants), d'amante, et j'en passe. Il me semblait toujours que je pouvais en faire plus, et plus, et plus.

Mais une femme se tanne! J'ai réalisé, au prix d'efforts quasi surhumains, que je ne pourrais jamais faire tout ce que les livres de stimulation, les sites Internet familiaux et les spécialistes de la petite enfance préconisent. Je n'ai que 24 heures par jour, deux bras, un cerveau passablement rempli des impondérables quotidiens, et un mari qui vit sur la planète «Yapadeproblème».

Alors, j'ai décidé de déménager sur cette fameuse planète et de cesser d'être si exigeante envers moi-même. Après tout, la plupart des hommes de ma connaissance y arrivent très bien, et ils ne semblent pas malheureux pour autant!

Malgré ma bonne volonté, mon sentiment de tout vouloir contrôler s'est immiscé dans mes bagages. Je ne pouvais me résoudre à tout laisser aller, dans l'imperfection la plus totale (oserais-je dire dans l'anarchie?).

Je souhaitais devenir une mère imparfaite, insouciante et qui s'assume, mais pas à n'importe quel prix. J'ai alors fait une découverte fascinante: la loi de Pareto, surnommée la «loi des 80/20». Mais qu'est-ce que la loi d'un économiste du début du 20e siècle vient faire dans un bouquin pour mamans qui veulent en faire moins, mais obtenir quand même plus?

Eh bien, poser la question, c'est y répondre.

En effet, la loi de Pareto stipule qu'une règle des 80/20 régit le monde dans lequel nous vivons. Ainsi, vous obtenez probablement 80% de vos résultats avec seulement 20% d'efforts. Sachant cela, je me suis donné comme objectif de découvrir concrètement ces 20% d'efforts qui donneraient de si bons résultats pour faciliter la vie de l'heureuse paresseuse que je suis.

La chasse aux astuces, les essais et la réflexion venaient de s'enclencher! La retombée de cette démarche: des solutions qui demandent généralement peu d'efforts, mais qui apportent de grands résultats. Julie et moi les partageons ici avec vous, avec un brin de fantaisie et d'ironie (mais pas trop, je me suis retenue).

Êtes-vous une imparfaite «à la Anik»?

☐ Détestez-vous passer du temps à faire le ménage, mais aimez-vous une maison propre et ordonnée?

☐ Aimez-vous vous occuper de vos enfants et de votre conjoint, mais vous considérez qu'il est tout aussi important de vous occuper de vous?

☐ Pensez-vous que les images et façons de faire généralement véhiculées par la société ne sont pas nécessairement les meilleures voies?

Mot de Julie

La naissance d'un 7e enfant: ce livre!

Le projet d'écrire un livre a toujours été présent dans mon esprit, mais me résoudre à prendre le temps de le faire m'a fait faux bond jusqu'à tout récemment. L'idée de concrétiser ce rêve avec la collaboration d'Anik m'a tout de suite enthousiasmée. D'abord, en raison de nos passions communes pour l'éducation, l'écriture et les nouvelles technologies. Ensuite, parce que notre collaboration professionnelle a fait ses preuves.

Malgré cette bonne assise pour notre projet d'envergure, il devait y avoir un élément déclencheur pour me motiver à passer mes temps libres (avouons-le, déjà rares...) à faire cliqueter mon clavier. Alors, voici, je vous confie ma bizarrerie: je souffre d'une «perfectionnite aiguë». Ce malaise, également appelé le syndrome de la *superwoman*, s'est aggravé avec ma condition de mère.

Moment du diagnostic: Les premiers signes de cette manie plutôt désagréable remontent à mon enfance. Mais c'est à mon retour au travail, après un deuxième congé de maternité, que les doutes ont été confirmés.

Symptômes: Fatigue, impatience, insatisfaction, sensation d'irréalité et difficulté à vivre le moment présent.

Manifestations: J'assumais plutôt mal l'impossibilité soudaine de m'adonner librement au souci du détail. La conciliation travail-famille s'avérait ma seule activité cardio-vasculaire digne de ce nom. J'avais beau faire des calculs complexes et originaux: j'aurais eu besoin d'au moins 26 heures par jour pour arriver à accomplir toutes les tâches inscrites sur ma liste. Et j'aurais eu besoin de fins de semaine de 3 jours pour m'en remettre!

Traitement: Mes diverses lectures de chevet et ma psy me l'ont dit clairement: il me fallait en faire moins.

EN FAIRE MOINS. On devrait écrire en grosses lettres cette mention sur le formulaire de déclaration de naissance, tant elle est importante. Et les mères ne devraient pas quitter l'hôpital sans avoir fait la promesse solennelle d'adopter cette maxime comme mode de vie. En espérant que nos trucs vous permettent de séparer l'essentiel de l'accessoire, je vous souhaite la bienvenue dans cette belle aventure qui est la vôtre.

L'idée était lancée!

« [...] si tu as une idée de génie pour qu'on s'entraide à réaliser un projet ensemble, je suis prête à faire équipe avec toi! »

« Wow! Réfléchissons pour trouver un projet qui nous convienne vraiment et qui allie nos forces, sans faire double emploi avec ce qui existe déjà [...] Le concept de l'imperfection est dans l'air... Y a-t-il un filon à trouver? »

Comment tirer profit de ce livre?

Le parfait guide de Maman imparfaite

Léger, ce livre aborde de façon humoristique les hauts et les bas de la vie des mamans d'aujourd'hui.

Original et créatif, il s'inspire du *scrapbooking* et du *coaching*, afin que vous puissiez personnaliser votre démarche et atteindre les objectifs que vous vous fixerez.

Astucieux et concret, il présente des moyens utiles pour profiter pleinement et sainement d'une vie bien remplie auprès de jeunes enfants.

Pratique, il permet de développer des réflexes et des habitudes indispensables à toutes les étapes que traversera votre famille.

Sérieux et ambitieux, il propose une démarche pour assumer votre imperfection et retrouver votre équilibre après les grands bouleversements que génèrent la venue au monde et la croissance de vos chers petits anges, surtout lors des jours où les anges en question sont cornus...

Optimiste et réaliste, il est avant tout un allié qui vise à vous aider à devenir une mère imparfaite, mais heureuse et satisfaite. Formule éprouvée et testée, résultats garantis !

Écrit par deux mères de trois enfants de moins de sept ans, ce guide vous invite à parcourir une douzaine de sujets auxquels vous serez amenée à réfléchir lors de la transition menant de la vie de couple à la vie de famille. Apprenez, vous aussi, à boucler vos journées avec le sourire, même lorsque vous en avez plein les bras !

L'imparfaite, c'est moi !

La maternité est souvent perçue comme une expérience unique qui procure des émotions intenses et transforme à jamais. C'est vrai, mais en revanche, c'est tout un contrat qui vous attend ! Avez-vous lu les petits caractères ? Soigner, stimuler, travailler, consoler, nettoyer, gérer et planifier font partie de la description de tâches. Même s'il n'est pas toujours évident de voir la vie en rose, consolez-vous : le bonheur existe du côté de l'imperfection.

Nous entendons d'ici les supplications de la mère parfaite en vous. «Y aura-t-il un certain cadre? Est-ce un guide facile à suivre qui me permettra d'avancer?» Rassurez-vous. Puisque notre tendance perfectionniste ne laisse aucune de nos amies indifférentes, nous y avons réfléchi longuement. Voici donc la structure parfaitement souple qui vous permettra de naviguer dans ces territoires inconnus.

La parfaite introduction ou comment Maman imparfaite perd ses repères

Souriez! Les thèmes abordés seront mis en contexte de manière caricaturale et le ton ne se veut nullement moralisateur (mais alors là, pas du tout!). Bienvenue dans l'univers de deux mamans imparfaites et de leur petite famille, tout aussi imparfaite. Vous y reconnaîtrez-vous?

La parfaite démarche ou comment Maman imparfaite passe à l'action

Personnalisez-la! Nous vous invitons à créer votre propre démarche de changement. Faites-vous plaisir et confectionnez votre *scrapbook* en remplissant les espaces prévus. Facile, votre parcours se divisera en quatre étapes.

1. Où?

Situez-vous par rapport au thème

À chaque chapitre, prenez rendez-vous avec vous-même, ce que plusieurs mamans délaissent mystérieusement de manière spontanée. Pour ce faire, utilisez la technique originale des listes pour lancer vos idées et faire la lumière sur vos conceptions.

Ensuite, prenez le temps de vous demander objectivement

... ce qui va bien;

... ce qui va mal;

... ce que vous souhaitez vraiment changer.

Existentiels, ces questionnements? Peut-être. Pourtant, ils jetteront les bases d'une vie plus légère. Interrogez-vous sur vous, votre conjoint, vos enfants, vos valeurs, vos sentiments et vos priorités. Prenez du recul pendant quelques jours, à vous observer au sein de la famille. Notez vos constats dans les trois rectangles de la page *Viser plus en faisant moins,* présents dans chaque chapitre.

Réalistes, les listes?

L'écriture a plusieurs vertus. La rédaction de listes en possède également un certain nombre.
Ces listes permettent notamment de vivre plus librement et de voir plus clair.

Avouez qu'on respire un peu mieux et qu'on a le sentiment de progresser lorsque ces listes affichent de tels titres:
«Les 20 activités qui m'apportent du plaisir»; «Des façons de me calmer quand les enfants font une crise»
ou «Les objets farfelus qui se trouvent dans la cuisine et pourquoi ils y ont élu domicile».

2. Quoi?

Précisez clairement ce que vous désirez

À la lumière de ces réflexions, vous serez amenée à rédiger votre objectif principal dans la case *Mon objectif*. Différents mots-clés vous aident pour chacun des sujets. Pourquoi un seul objectif ? Pour y consacrer votre pleine concentration et toute votre énergie. Cela augmente vos chances de réussite.

3. Comment?

Passez à l'action

Déterminez vos priorités d'action, c'est-à-dire les gestes concrets que vous voulez accomplir pour arriver à vos fins. Inscrivez-les dans la case *Imparfaite, mais efficace,* présente dans chaque chapitre. Pour partir du bon pied, consultez les pages de trucs et d'astuces des sections *La crème de l'imperfection.* Vous pourrez y cocher les actions qui vous inspirent. Soyez sage : choisissez les trucs qui s'apparentent à votre personnalité et accordez-vous le temps nécessaire pour qu'ils agissent.

4. Et maintenant?

Observez le chemin que vous avez parcouru

Enfin, fixez une échéance pour mesurer l'atteinte de votre objectif. Cela a pour effet de vous motiver et de vous pousser à l'action. Une fois la date butoir arrivée, prenez un moment pour évaluer l'atteinte de votre objectif. Notez cette autoévaluation dans la case *La parfaite imperfection... j'y suis !* Elle peut être très informelle ou plus précise. Par exemple : « Je mérite toute une récompense » (à la conquête du spa !) ou « je devrais refaire mes devoirs » (j'ai manqué plusieurs questions à l'examen du cours *Imperfection 101*). D'une manière ou d'une autre, analysez la situation et recentrez-vous sur votre objectif. Vous sentez-vous toujours à l'aise avec lui ? Est-ce une priorité qui vous aide à assumer votre imperfection en toute quiétude ?

Un « coach » personnel à votre portée !

Tel un bon entraîneur, ce livre vous invite à vous questionner pour diriger votre réflexion et déterminer vos priorités. Il vous pousse à fixer des objectifs et à dénicher des moyens pour les atteindre. Il vous aide à évaluer votre réussite et à vous recentrer, si nécessaire.

Faites-vous plaisir en vivant cette démarche à votre rythme !

Les trucs imparfaits: comment viser plus en faisant moins

Essayez-les, vous les adopterez! Découvrez dans cette section nos meilleurs trucs liés aux thématiques qui s'apparentent à votre vie familiale. Ils vous permettront de tourner les coins ronds et de gagner du temps. Regroupées en quatre grandes catégories, ces astuces commencent toutes par un verbe dynamique pour vous inciter à l'action. Mettez-vous au défi d'expérimenter un truc à la fois, pendant une vingtaine de jours, le temps d'en constater les effets positifs et d'en prendre l'habitude.

Les révélations-chocs: quand deux mères imparfaites se confient

Dédramatisez. Une fois votre démarche terminée, après avoir parcouru les différents trucs et astuces, prenez un moment pour lire les confidences de mères imparfaites. Le but cherché est de vous amener à réfléchir ou de vous faire sourire. Vous serez à même de poursuivre votre introspection à l'aide de ces citations, confessions et réflexions choisies. Bref, cette section vous propose un contenu varié et complémentaire au reste du chapitre.

Vos propres révélations: comment partager votre expérience de mère imparfaite

Poursuivez votre détour du côté de l'indulgence et l'imperfection sur le site :

www.imparfaite-et-alors.com

Découvrez-y des éléments complémentaires aux chapitres proposés, mais aussi des contenus exclusifs. Sur ce blogue, vous trouverez chaque semaine une variété de caricatures humoristiques sur la vie familiale, des défis imparfaits à relever, des anecdotes vécues dans nos familles, des trucs supplémentaires et des sites Web de référence. De plus, vous pourrez consulter les imperfections signées par d'autres mères et contribuer au contenu du site. C'est une occasion, pour toutes les mamans, de se divertir, de s'encourager mutuellement et de développer de nouvelles façons de faire imparfaites, mais efficaces. Découvrez comment d'autres mères réussissent à se rendre la vie plus agréable.

Faire moins, vraiment?

Ce livre est rempli de trucs tout simples et de moyens à portée de main.
Certains vous aideront, d'autres vous paraîtront peut-être inusités.
N'oubliez pas:
transformer un geste en habitude nécessite une certaine discipline.
Donnez-vous le temps d'acquérir de bonnes habitudes triées sur le volet selon un critère :
elles ne doivent pas vous demander plus de travail, mais doivent néanmoins
rapporter des résultats notables.

Vous verrez bien vite la différence: une meilleure qualité de vie avec moins d'efforts.

Pour progresser vers une saine imperfection

Il existe mille et une façons d'atteindre les objectifs que vous vous fixerez. Développez une attitude positive. Faites preuve d'une volonté inégalée en prenant exemple sur votre enfant, quand il exige quelque chose avec force et conviction ! Surtout, assurez-vous d'être claire dans l'énonciation de vos objectifs.

Formulez et demandez

Fixez-vous des objectifs qui sont réellement à votre image. Exprimez clairement ce que vous voulez obtenir. Un bon objectif devrait comprendre un verbe dynamique ou commencer par : « Je veux ». Il devrait être à la fois ambitieux et réaliste, précis et mesurable. Demandez sans craindre de paraître ridicule ou trop exigeante.

Soyez positive

Vous devez formuler votre objectif de façon constructive. Pensez à ce que vous voulez vraiment obtenir plutôt qu'à ce que vous ne voulez pas. Vous éviterez ainsi d'attirer des situations qui ne correspondent pas à celles espérées.

Précisez et consacrez du temps

Pour chacun de vos objectifs, déterminez plusieurs modes d'action pour en faciliter l'atteinte. Chaque jour, mettez en œuvre au moins un de ces moyens d'agir. Pour cela, accomplissez une activité associée à votre objectif. Chaque petit pas compte : soyez fière des vôtres autant que de ceux de votre enfant, lorsqu'il apprend à marcher. À force de pratique, tout deviendra plus facile.

Affichez

Si un objectif est présent de manière continuelle et directe à vos yeux, vos chances de le concrétiser augmentent de manière significative. Trouvez un endroit bien en vue pour lire et relire vos objectifs. Votre fond d'écran d'ordinateur, votre porte de placard, un carnet à portée de main, voire vos mots de passe peuvent constituer d'excellents lieux pour mettre en valeur votre objectif.

Illustrez

Lorsque vous affichez votre objectif, pourquoi ne pas l'accompagner d'une image qui vous parle ? À cet effet, une photo, un collage ou un dessin pourraient constituer des éléments intéressants.

Communiquez

Le partage de votre objectif contribue à le rendre vôtre et à lui donner l'importance qui lui revient. De plus, vous serez en mesure de bénéficier des encouragements de votre confident tout au long de votre démarche en vue de l'atteindre. Ne confiez toutefois pas vos rêves à une personne susceptible de vous en décourager ou de vous faire douter de leur réalisation. Choisissez vos alliés.

Visualisez

Les pensées deviennent réalité ! Matérialisez dans votre esprit l'objectif que vous visez et vous aurez franchi un pas de plus vers sa réalisation. Pensez donc à l'avance aux événements tels que vous voulez les vivre pour les façonner intentionnellement. Imaginez vos enfants qui dorment comme des anges, votre conjoint qui fait la vaisselle, votre belle-mère qui offre de garder les enfants : les possibilités sont infinies ! Accompagnez votre visualisation des sentiments que vous ressentirez lorsque vous aurez atteint votre objectif. Cela lui donnera plus de poids.

Répétez

Plusieurs fois par jour, répétez-vous votre objectif afin de vous en imprégner. Ayez-le constamment à l'esprit. Radotez-le avec allégresse, cette imperfection est tout à fait permise.

Croyez

Ayez la certitude d'atteindre votre objectif. Pensez que vous avez déjà reçu ce que vous avez demandé et agissez comme si c'était le cas. Ne doutez pas. Vous devez être aussi persuadée de l'atteinte de votre objectif que du fait que vous allez sûrement laver des vêtements d'enfants tachés au cours de la prochaine semaine. Même sans savoir comment vos désirs se réaliseront concrètement, vous remarquerez que des circonstances propices se présentent toujours. La vie envoie régulièrement des ressources susceptibles de vous aider à concrétiser vos rêves. Une fois vos objectifs clairs, soyez attentive aux bonnes occasions qui se présenteront.

Recevez

Soyez convaincue que la vie est bonne et facile pour vous. Faites preuve de gratitude lorsque vous recevrez ce que vous avez demandé. Remerciez-vous lorsque vous aurez relevé votre défi. Toutes les récompenses sont indiquées.

Vos thèmes de prédilection

Nous vous proposons un questionnaire amusant pour déterminer les chapitres susceptibles de vous intéresser particulièrement. Il vous permettra de relever vos priorités et vos défis, de façon à diriger votre lecture vers les chapitres pertinents.

Dans les prochaines pages, vous trouverez une liste de bonnes habitudes à développer. Il pourrait s'agir d'objectifs que vous aurez peut-être envie d'atteindre pour devenir une meilleure mère. Indiquez l'importance que vous accordez à chacune des 44 propositions, de 1 à 4. « Quatre » signifie que vous aimeriez réellement atteindre cet objectif ou acquérir cette habitude, alors que le chiffre « un » indique que c'est peu important pour vous.

Gardez à l'esprit que les réponses ne sont ni bonnes ni mauvaises. Elles indiquent simplement votre état d'âme du moment, dans la période de vie où vous vous situez. Si vous répondez à ce questionnaire à nouveau dans six mois, il y a fort à parier que certaines réponses varieront.

Après avoir rempli la grille, additionnez votre résultat pour chacun des groupes ci-dessous, en fonction des points que vous aurez accordés au préalable.

1, 12, 23, 34 : _____   7, 18, 29, 40   : _____

2, 13, 24, 35 : _____   8, 19, 30, 41   : _____

3, 14, 25, 36 : _____   9, 20, 31, 42   : _____

4, 15, 26, 37 : _____   10, 21, 32, 43 : _____

5, 16, 27, 38 : _____   11, 22, 33, 44 : _____

6, 17, 28, 39 : _____

Des chapitres pour tous les goûts

Vous trouverez dans ce livre des thèmes qui touchent toutes les mamans, en particulier les mères de jeunes enfants. Nous les avons choisis afin de vous aider à construire des bases solides, bien qu'imparfaites, pour faciliter votre vie de famille maintenant et lorsque les enfants auront grandi.

Remplissez ce tableau en indiquant l'importance que vous accordez à chaque objectif. L'échelle varie entre 4 (le plus important) et 1 (le moins important).

Objectifs	Importance	Objectifs	Importance
1. Je veux être moins perfectionniste dans mon rôle de mère et développer mes côtés imparfaits.	3	12. Je veux réduire mes exigences et me concentrer sur l'essentiel.	4
2. Je veux me fixer des objectifs réalistes et leur accorder l'importance qui leur revient.	3	13. Je veux agir pour atteindre mes objectifs et être motivée tout au long de leur réalisation	4
3. Je veux être satisfaite de mon apparence.	2	14. Je veux être plus énergique.	4
4. Je veux trouver des moyens de développer ma patience.	4	15. Je veux avoir du temps pour relaxer régulièrement.	4
5. Je veux pouvoir m'isoler pour bénéficier de temps en solitaire.	3	16. Je veux créer des occasions où je prendrai le temps d'être aux petits soins avec moi-même.	4
6. Je veux entretenir la complicité entre mon conjoint et moi.	4	17. Je veux passer du temps de qualité avec mon conjoint.	4
7. Je veux communiquer mes attentes, mes besoins et mes émotions à mon conjoint.	4	18. Je veux travailler en équipe avec mon conjoint en ce qui concerne l'éducation des enfants.	4
8. Je veux trouver des méthodes de rangement plus efficaces pour notre maison.	2	19. Je veux que mon conjoint et mes enfants participent aux tâches ménagères.	2
9. Je veux mieux planifier et varier les menus familiaux.	4	20. Je veux transformer les repas en moments agréables en famille.	4
10. Je veux mieux organiser notre maison pour la rendre plus fonctionnelle.	1	21. Je veux vivre dans une maison dépouillée d'objets superflus.	2
11. Je veux être plus positive dans ma conception et ma gestion du temps pour ne plus me sentir bousculée.	3	22. Je veux aller droit à l'essentiel pour consacrer du temps à tout ce qui est important pour moi.	3
		23. Je veux m'estimer à ma juste valeur et me comparer à moi-même plutôt qu'aux autres mères.	4

Remplissez ce tableau en indiquant l'importance que vous accordez à chaque objectif.
L'échelle varie entre 4 (le plus important) et 1 (le moins important).

Objectifs	Importance	Objectifs	Importance
24. Je veux clarifier mes priorités et mes valeurs.	4	34. Je veux vivre plus simplement en mettant la *superwoman* de côté.	4
25. Je veux faire de l'exercice physique régulièrement pour en retirer les nombreux bienfaits.	4	35. Je veux déterminer ce qui est vraiment important pour moi.	4
26. Je veux développer des réflexes ou des méthodes pour me calmer.	4	36. Je veux bien manger.	4
27. Je veux avoir du temps pour faire ce dont j'ai réellement envie.	4	37. Je veux me simplifier la vie et développer une attitude plus sereine, plus zen.	4
28. Je veux de la tendresse et de petites attentions au sein de notre couple.	4	38. Je veux du temps pour mes loisirs et trouver des moyens de les concilier avec ceux de ma famille.	4
29. Je veux que mon conjoint s'investisse dans la routine familiale et qu'il fasse preuve de plus d'initiative. *OK*	4	39. Je veux de l'intimité dans mon couple.	4
30. Je veux mieux planifier les travaux ménagers afin d'y consacrer le moins de temps possible. *OK*	4	40. Je veux être plus indulgente envers mon conjoint et apprécier davantage ses qualités de père.	4
31. Je veux avoir du plaisir à cuisiner sans y passer trop de temps, dans une cuisine bien organisée.	4	41. Je veux revoir mes critères d'ordre et de propreté selon le temps disponible pour le ménage.	4
32. Je veux organiser notre espace familial pour que tous puissent en profiter. *OK*	4	42. Je veux cuisiner des repas équilibrés et aider les membres de ma famille à développer une relation saine avec la nourriture.	4
33. Je veux trouver des stratégies pour axer mon temps sur des activités essentielles, importantes ou plaisantes.	4	43. Je veux faciliter le rangement afin d'améliorer la participation de chaque membre de la famille.	4
		44. Je veux mieux planifier mon temps.	4

Vos résultats

Reportez maintenant vos résultats des pages 21 à 22 et selon les directives de la page 20. Ordonnez votre pointage pour chaque groupe d'objectifs. Cet ordre pourrait, si vous le souhaitez, correspondre à votre ordre de lecture et d'action.

		pointage	ordre
1, 12, 23, 34 :	Imperfection, quand tu me tiens ! (chapitre 1)	——	——
2, 13, 24, 35 :	Claires, les priorités (chapitre 2)	——	——
3, 14, 25, 36 :	À la recherche du corps perdu (chapitre 3)	——	——
4, 15, 26, 37 :	La tempête avant le calme (chapitre 4)	——	——
5, 16, 27, 38 :	Prendre rendez-vous avec soi-même (chapitre 5)	——	——
6, 17. 28, 39 :	Quand duo devient trio (chapitre 6)	——	——
7, 18, 29, 40 :	Quand on est deux, ça va deux fois mieux ! (chapitre 7)	——	——
8, 19, 30, 41 :	Le fameux ménage (chapitre 8)	——	——
9, 20, 31, 42 :	Quand l'appétit va, tout va ! (chapitre 9)	——	——
10, 21, 32, 43 :	Quand maison rime avec organisation (chapitre 10)	——	——
11, 22, 33, 44 :	Prendre le temps de gérer son temps (chapitre 11)	——	——

Bonnes découvertes !

Poursuivez cette originale ascension vers l'imperfection et distinguez l'essentiel de l'accessoire sur :

www.imparfaite-et-alors.com

Julie et Anik

Dans l'ordre ou le désordre

Vous n'êtes aucunement obligée de lire tous les chapitres du livre, et encore moins dans l'ordre proposé. L'imperfection commence par la capacité à se limiter à ce qui est utile ou plaisant. Alors, de grâce, ne lisez aucun chapitre qui vous semble loin de ce que vous vivez ou qui ne vous divertisse pas. Tous les goûts et les besoins sont dans la nature, respectez les vôtres !

Imperfection...

De : Anik

Envoyé : 1er janvier 2009

À : Julie

Objet : Voici l'Anik 2009 !

Salut, Julie !

Bonne année ! Que 2009 t'apporte le succès ! Pour ma part, je vise l'imperfection. Voici mes parfaites résolutions (et le côté imparfait qui les assaisonne) :

- faire du sport 30 minutes par jour (à la place de faire des tâches en soirée, mais congé le samedi pour manger ma poutine et mes côtes levées hebdomadaires) ;
- être plus calme (avec le droit de jurer en cas de force majeure) ;
- prendre du temps pour moi (avec le droit de verrouiller la porte de la salle de bain quand je relaxe, un bon livre à la main et un masque au concombre au visage) ;
- voir les bons côtés de PapaRelax et diminuer les critiques à son égard (j'implore le droit de vider mon sac s'il dépasse les bornes) ;
- passer plus de temps avec les enfants (avec le droit occasionnel de penser à regret aux loisirs personnels que je néglige afin d'écouter les règlements d'un jeu sans queue ni tête, inventé par ma fille).

Vais-je réussir à atteindre l'imperfection ? Vais-je devenir une imparfaite naturelle ? Même si une petite voix en moi me transmet ses doutes, je garde espoir d'y arriver. Des résolutions imparfaites, de ton côté ?

Anik

De : Julie

Envoyé : 2 janvier 2009

À : Anik

Objet : RE : Voici l'Anik 2009 !

Bonne année, Anik !

Tu me fais réfléchir avec tes résolutions... Je souhaite évidemment changer certains aspects de ma façon d'être. Si je les énumère, ça leur donnera un caractère plus formel. Alors, je me plie volontiers à l'exercice !

Premièrement, j'aimerais opter plus souvent pour la «bonne manière» de faire les choses plutôt que la «très bonne». Je suis surqualifiée pour la seconde option ; j'abandonne, car je n'y trouve plus de défis ! :-P

Ensuite, j'aimerais suivre plus souvent mon instinct. Pourquoi lire autant pour apprendre à optimiser le plus petit espace-temps quand, au fond de moi, ma petite voix imparfaite me souffle très clairement quand j'en fais trop ?

Enfin, j'aimerais me concentrer sur l'essentiel : les personnes à qui appartiennent les 50 orteils de notre petite famille.

La vraie vie n'est pas une liste sur laquelle j'aurais coché tous les éléments, n'est-ce pas ?

Julie

quand tu me tiens!

De: Anik

Envoyé: 24 mai 2009

À: Julie

Objet: Silence, imperfection en cours...

Salut, Julie!

Parfaite semaine? Ici, les effets de l'été qui approche se font ressentir. C'est fou comme un peu de soleil me pousse facilement vers l'imperfection. Je prends des pauses de travail plus fréquemment (il m'arrive même de prendre des après-midi de congé). Résultat, je suis plus détendue et moins prompte à critiquer autrui. Je me concentre égoïstement sur mes petits besoins, mais tout le monde en ressent les bienfaits, car mon humeur est beaucoup plus agréable. Ça me fait drôle, cette imperfection. Plus je m'y laisse entraîner, moins j'éprouve de sentiments de culpabilité. J'arrive maintenant à mettre mes tâches de côté sans remords. Et puis, de toute manière, elles m'attendent sagement, alors pas de problème! Et ta démarche imparfaite, elle porte fruit?

Anik

De: Julie

Envoyé: 25 mai 2009

À: Anik

Objet: RE: Silence, imperfection en cours...

Bon début de semaine, Anik!

Oui! Parfaite semaine de mon côté! Savais-tu que depuis l'ouverture de notre blogue, je m'amuse réellement à voir les bons côtés de notre quotidien familial? Il semble que mon sens de l'organisation soit plus aiguisé (oups! observation... tout un lapsus!). Les petits pépins de tous les jours m'apparaissent moins dramatiques et plus loufoques. Je prête un regard différent aux événements qui auraient pu être banals. Je n'irais peut-être pas jusqu'à dire que l'ordinaire devient extraordinaire (je me garde la modestie que tu me connais, tout de même), mais cette perception plus légère me fait enfin apprécier ce que j'ai, sans voir tout ce qui me manque.

Je conserve ce courriel tout près: il me sera très utile de le relire en cas de déprime passagère! Oh! mauvais souvenir que ce moment où j'ai mis le genou à terre, il y a déjà deux ans. Rien ne pouvait me remonter le moral: mes pensées négatives ne se raisonnaient pas. Je croyais que le seul moyen de jongler avec mes nombreux rôles était de mieux apprendre à gérer mon temps et à m'organiser. Foutaise! Je pourrais presque tous les signer, ces livres sur l'efficacité. Je croyais aussi que c'était par manque de compétences parentales que je laissais la télévision faire office d'activité éducative pendant que je préparais des filets de poulet surgelés aux filles. Une de mes découvertes importantes depuis cette chute libre vers l'épuisement a été de me donner une direction plutôt qu'un cadre. Le cadre restreint et ne laisse aucune latitude. La direction sous-entend un objectif (que j'aime ça!), mais laisse la place à la créativité pour trouver les moyens d'y arriver (j'aime encore plus!). Quand je regarde le chemin que j'ai parcouru, je m'estime plutôt satisfaite.

Julie

Les Invincibles...

> « Il y a une différence importante entre exiger le maximum et exiger la perfection. »
>
> **Hélène Lucas,**
> *Profession : mère de famille*

Quatre femmes : Éducatora, Ménagear, Lovatrone et Workafile. Un désir commun et inégalé de réussir et d'utiliser à la perfection leurs pouvoirs respectifs. La première ne vise rien de moins que d'éduquer des enfants parfaits. La seconde a pour objectif de tenir maison en assurant un ordre et une propreté impeccables. La troisième investit efforts et énergies afin de demeurer une amante passionnée. La dernière caresse le rêve d'avoir une brillante carrière en gravissant les échelons du succès.

Fidèles à leurs idéaux, nos quatre *superwomen* des temps modernes n'ont de cesse de parcourir les rues de BestCity en quête de ce qui les aidera à accomplir leurs desseins.

Éducatora procure tous les jeux éducatifs à ses enfants, qu'elle accompagne à une activité sportive ou culturelle chaque jour. Elle cuisine des mets équilibrés pour répondre à tous les besoins nutritionnels de ses petits. L'été, elle s'assure également qu'ils sont bien « crémés » pour jouer dehors. Elle veille à ce qu'ils acquièrent de bonnes habitudes de sommeil, de solides compétences sociales et une stabilité émotionnelle à toute épreuve. Le soir, elle prépare des activités éducatives qui touchent les huit intelligences et lit des livres qui lui expliquent comment développer l'estime de soi ou la créativité de ses chérubins. Elle se couche, crevée, en faisant parfois un cauchemar dans lequel ses petits amours deviennent artistes plutôt que des médecins réputés.

Ménagear, de son côté, fait la guerre à tous les grains de poussière qui pénètrent dans sa maison. Elle astique et frotte toute la journée, pendant que sa petite famille est à l'école ou au travail. Lorsque les membres de cette dernière rentrent, elle leur remet des pantoufles qu'ils doivent immédiatement chausser. Elle exige qu'ils déposent leurs effets personnels sur leur crochet respectif et qu'ils placent leurs souliers dans un parfait alignement. Si l'un des enfants commet la bévue de renverser son verre de lait, Ménagear passe en mode maniaque et se met à nettoyer avec vigueur. Elle suit les faits et gestes de son entourage afin de replacer sur-le-champ le moindre objet déplacé. Elle aussi se couche complètement exténuée, dans une maison qui brille comme un sou neuf et dans un lit aux draps repassés chaque jour.

Lovatrone, pour sa part, est amoureuse folle de son homme et court les boutiques de lingerie féminine afin d'y trouver ce qui attisera la flamme de leur passion. Elle lit tous les livres qui expliquent comment avoir une vie de couple épanouie et communiquer en parlant « homme ». *Le Kâmasûtra* est son livre de chevet. Elle se montre toujours aimable et prévenante avec son conjoint. Elle le couvre de gentilles attentions, même quand ce dernier rentre en retard du boulot avec une humeur massacrante ou qu'il oublie son anniversaire. Elle ne critique jamais sa douce moitié : c'est le mari et le père idéal.

Finalement, Workafile fait tout en son pouvoir pour conserver un emploi extrêmement bien rémunéré et très haut placé. Fière du prestige que sa carrière lui apporte, elle travaille 80 heures par semaine sans même facturer les heures supplémentaires. Son cellulaire et son télécopieur personnels permettent à son patron de la rejoindre à toute heure du jour, même pendant ses 10 jours de vacances annuelles. Elle dirige des réunions importantes, assiste à de nombreux colloques et donne des conférences un peu partout sur le globe. Elle coordonne une cuisinière, une femme de ménage et une nounou pour que sa petite famille ne manque de rien et elle leur fait livrer des cadeaux hors de prix lorsqu'elle voyage. Ses enfants connaissent mieux leur gardienne* que leur propre mère, qu'ils appellent « Madame ».

Dans la vie de nos quatre *superwomen,* tout se déroule à un rythme fou. Malgré les pouvoirs que chacune possède, leur vie ne prend pas la tournure désirée...

Éducatora réagit mal aux difficultés scolaires de sa plus jeune. Elle découvre avec consternation que son ado prend de la drogue. Ménagear, épuisée par tant d'efforts à entretenir la maison, se blesse en chutant sur le plancher mouillé. Admise à l'hôpital pour une fracture, elle entend le médecin lui diagnostiquer également une dépression majeure. De son côté, après être passée par hasard au bureau de son mari, Lovatrone constate que ce dernier la trompe avec sa jeune secrétaire. Quant à Workafile, elle apprend que son entreprise sera restructurée. Son poste est aboli et on lui propose d'aller voir ailleurs si elle y est.

C'est la catastrophe dans la vie de nos quatre héroïnes, pourtant si parfaites de l'extérieur. Où ont-elles failli ? Pourquoi ? Auraient-elles surestimé leurs pouvoirs ? Leur bonheur était-il un leurre ?

Le quatuor, la mine déconfite, se rencontre pour faire état des malheurs et des soucis récents. Pourquoi toutes quatre ont-elles visé cette perfection ? Pourquoi étaient-elles si exigeantes envers elles-mêmes ? Prenant conscience de leurs travers, les quatre femmes font un pacte singulier : elles s'engagent à ne plus utiliser leurs superpouvoirs pour viser la perfection. À l'avenir, elles tourneront les coins plus ronds et réduiront la cadence. Elles déposent alors leurs armes et disent adieu à leur vie de femmes infaillibles. Dorénavant, elles seront imparfaites, et alors ?

Ce que la mère imparfaite en moi en pense

«Imperfectionniste»...

Les listes sont parfaites... pour reconnaître vos petites et grandes manies et voir en quoi elles vous nuisent ou vous aident. Libérez-vous des comparaisons qui vous culpabilisent et de vos attentes trop élevées dans certains domaines. Efforcez-vous de mettre en lumière vos accomplissements plutôt que les événements que vous qualifiez d'échecs. Bref, imparfaite que vous êtes, utilisez les listes pour systématiser une manière de voir vos qualités et pour valoriser votre vie.

Je raffole des listes. Et alors?

- ❑ les exigences que j'ai envers moi-même, mes enfants ou mon conjoint et celles, parmi elles, que je trouve exagérées ou que je pourrais diminuer;
- ❑ ce qui m'empêche de m'endormir;
- ❑ ce qui m'empêche de prendre du bon temps;
- ❑ ce qui m'empêche d'être heureuse;
- ❑ j'ai tendance à me comparer à... (et pourquoi);
- ❑ mes manies de perfectionniste;
- ❑ les domaines où je ne vise pas la perfection (et pourquoi);
- ❑ les domaines où je souhaite exceller par-dessus tout (et pourquoi);
- ❑ ce que mes parents exigeaient de moi lorsque j'étais petite;
- ❑ les qualités que je crois devoir posséder pour être perçue comme une bonne mère, conjointe, amie, ou employée;
- ❑ les situations dans lesquelles je me mets trop de pression;
- ❑ les activités où je me perds dans les détails;
- ❑ les «erreurs» ou les «mauvais choix» que j'ai faits et que je rumine; ce que j'aurais dit à une bonne amie pour la réconforter si elle en était responsable;
- ❑ mes talents et les manières de les mettre en valeur;
- ❑ ce pour quoi je devrais me féliciter aujourd'hui.

jusque dans mes listes!

> « Ne laissez pas vos petits écarts faire de l'ombre à vos grands exploits. »
>
> **Alice D. Domar,**
> [avec la collaboration d'Alice Lesch Kelly]
> *Être heureuse sans être parfaite*
> *En finir avec cette insatisfaction qui nous gâche la vie*

Viser plus en faisant moins

« On demande maintenant aux parents d'être la perfection incarnée avec leurs enfants. Cette aberration explique en partie les souffrances de certains parents qui se vivent incompétents. »

Sylvie Angel,
Ah, quelle famille !
Un homme, une femme, des enfants : comment être heureux ensemble

Un homme, une femme, des enfants : comment être heureux ensemble ? Êtes-vous perfectionniste ? Peut-être l'êtes-vous dans certains domaines, mais pas dans d'autres ! Dans quelles sphères de votre vie ressentez-vous le besoin d'être la meilleure ou de donner votre « 110 % » ? Au contraire, dans quels contextes arrivez-vous à vous satisfaire plus facilement, sans viser nécessairement l'excellence ? Quels sont les avantages et les inconvénients de votre perfectionnisme ? Comment désirez-vous ramener ou adapter cette caractéristique, qui est peut-être la vôtre, à un degré plus réaliste ?

Mes manies perfectionnistes : les bons côtés

Mes manies perfectionnistes : les moins bons côtés

Ce que je désire

parfaite   meilleure   essentiel   imparfaite   simple   fière   satisfaite   réussir   se contenter   se satisfaire   diminuer   apprécier   relativiser   développer   comparer   exceller   réduire   exigences   indulgence   tolérance   détails   maman   moi   «superwoman»   perfection   estime

Mon objectif:

Imparfaite, mais efficace

La parfaite imperfection... j'y suis!

La crème...

Devenir une femme imparfaite

Première étape dans votre périple vers l'imperfection : modifier les comportements perfectionnistes qui vous assaillent dans toutes les sphères de votre vie.

☐ **Faites la chasse à la perfection.** Pendant quelques jours, soyez attentive aux moments où vous avez l'impression que le perfectionnisme vous guette. Si vous insistez pour préparer en tout temps de bons petits plats faits maison (malbouffe, arrière Satan !) et que vos enfants n'ont jamais vu un bonbon en peinture, notez-le. Si vous insistez pour que les lits soient faits au carré ou que votre rythme cardiaque augmente quand vous constatez que les cheveux de votre fille sont défaits, notez-le. Le perfectionnisme peut aussi vous avoir suivie jusqu'au travail. Si vous persistez à peaufiner un dossier en le relisant 20 fois ou si vous oubliez de prendre vos pauses, notez-le ! Que constatez-vous ?

☐ **Faites des pas de bébé.** Malgré votre prise de conscience, votre perfectionnisme ne vous quittera pas du jour au lendemain. Il se peut même que vous vous sentiez à l'aise avec cet aspect de vous, un peu comme dans de vieilles pantoufles (propres et sans trous, il va sans dire). Mais que diriez-vous d'enfiler une paire de chaussettes, imparfaites soit ! mais encore plus confortables ? Chaque jour, faites un pas dans la direction de l'imperfection. Choisissez un élément que vous effectuerez sans viser l'excellence. Commencez par plier vos «draps contour*» de travers (c'est assez facile, croyez-nous !), ou par servir un repas sans légumes. Bravo ! Vous avancez !

☐ **Ajustez vos lunettes.** Avez-vous visité un professionnel de la «vie», dernièrement ? Votre vision a peut-être besoin d'être corrigée. Regardez autour de vous : qu'y voyez-vous ? Un tas d'éléments imparfaits et dérangeants, comme un comptoir de cuisine en désordre ou un plancher plein de saletés ? Vous pourriez plutôt y voir une cuisine où des enfants et une maman ont pris plaisir à cuisiner ensemble, ou des enfants qui ont eu la chance de sortir au parc et de ramener un peu de sable dans leurs souliers. Mettez vos lunettes positives et regardez au bon endroit !

☐ **Relativisez.** Et si la vie était très bien comme elle est ? Et si seules vos critiques vous empêchaient d'en profiter ? Difficile de se défaire de cette habitude, mais tentez d'appliquer cette règle de 2. Premièrement, ne faites pas tout un plat des soucis de la vie. Deuxièmement, la vie est remplie de soucis, quoi que l'on fasse. À quoi bon s'en faire, alors ? Entamez simplement la journée du bon pied !

Moins de perfection, plus de réalisme

La perfection et le bonheur, selon Anik

Connaissez-vous des perfectionnistes heureux ? La quête de la perfection et la paix intérieure semblent plutôt aux antipodes. Quel objectif préférez-vous viser ? Pour ma part, bien que l'atteinte de la paix intérieure me paraisse ardue et de longue haleine, celle de la perfection m'apparaît teintée d'impossibilité. Choisir cette quête, c'est me condamner à l'insatisfaction perpétuelle et m'engager dans une lutte perdue d'avance. Je préfère mettre mes énergies ailleurs. J'avoue humblement que c'est souvent difficile, car la tentation de viser la perfection n'est pas rationnelle. Mais je chemine...

Devenir une mère imparfaite

Deuxième étape pour cheminer vers l'imperfection : revoir vos façons d'agir et de réagir avec les enfants.

❏ **Revoyez vos exigences.** Êtes-vous de celles qui font peser leurs plus lourdes exigences sur ceux qui comptent le plus pour elles ? Vous attendez des enfants qu'ils soient propres en tout temps et qu'ils excellent dans tous les domaines ? Vous souhaitez que votre conjoint soit ponctuel malgré les bouchons de circulation et qu'il fasse vos courses avec le sourire sans rien oublier ? Vos attentes sont-elles un élément de motivation ou une source de conflit et de déception ?

❏ **Visez A+*.** Que vos enfants fréquentent l'école ou la garderie, vous serez un jour ou l'autre confrontée à leurs prouesses et à leurs échecs. Vous souhaitez qu'ils brillent dans toutes leurs entreprises ? Le succès signifie-t-il obtenir A+ au prix d'efforts considérables, ou obtenir A en ayant eu le temps de vivre et de souffler ? Quelle est votre définition de la réussite ?

❏ **Soyez flexible.** Mettez votre désir de tout vouloir contrôler au placard et, si possible, ne le ressortez que dans les grandes occasions (et encore, vos enfants pourraient l'abîmer !). La vie est comme elle est. Le contrôle est épuisant, et malheureusement, il ne brûle aucune calorie.

❏ **Acceptez les reproches comme les compliments.** Dans vos élections familiales, vous ne réussirez jamais à obtenir la totalité des voix. Vos enfants et votre conjoint ne se gêneront sûrement pas pour vous remettre vos gaffes sur le nez et vous critiquer ouvertement au débat des chefs. Mais parions que votre pourcentage de satisfaction sera élevé et que vous serez la candidate favorite.

❏ **Ralentissez.** Vos enfants n'ont pas besoin d'une programmation de leurs journées digne du meilleur Club Med. Vous n'êtes pas une G. O. et vous n'avez pas à planifier leur horaire du premier œil ouvert au dernier soupir. Habitués à être ainsi encadrés, vos enfants seront dépourvus une fois laissés à eux-mêmes (avant 18 ans, de grâce !). Laissez-les se débrouiller pour s'occuper seuls. Laissez-les apprivoiser l'ennui, le calme, la solitude et la part de rêve et de créativité qui en découle. Profitez de ces moments pour vous laisser aller à vos élans imparfaits.

Moins d'exigences et de contrôle, plus de latitude et d'authenticité

Les enfants, source de joie ?

Alors que les mères parfaites soutiennent que leurs enfants sont leur principale source de bonheur, les autres mères avouent avec humilité : vive la lecture, le magasinage* et la relaxation plutôt qu'un jeu de cache-cache ou un bricolage aux formes indéfinissables avec leurs rejetons. Bien que nos enfants apportent joie et fierté, ils représentent aussi une source de stress, d'inquiétude, de dérangement et de fatigue. Sommes-nous les seules à nous adonner à penser que faire du ménage est parfois plus attirant que de jouer à la poupée ou aux camions ? Parions que non !

L'imperfection...

Assumer son imperfection

Le perfectionnisme va souvent de pair avec une mauvaise estime de soi et une tendance à la comparaison. Pourquoi ne pas se défaire de ces béquilles afin de mieux profiter de la vie ?

❏ **Ne vous rabaissez pas.** Que ce soit en pensée, dans vos actes ou vos paroles, ne vous dénigrez en aucune occasion. Évidemment, vous n'êtes pas parfaite ni à l'épreuve des bêtises et des bévues, pourtant tout à fait normales et légitimes. Si vous pardonnez leurs erreurs à vos proches (et faites même parfois fi de les avoir remarquées), pourquoi ne pas agir ainsi à votre égard ? Ne malmenez pas votre pauvre ego : vos enfants s'en chargeront bien, lorsqu'ils sauront s'exprimer. Vous avez fait coller la sauce ? Vous avez fait rétrécir votre chandail* ? Vous avez oublié d'envoyer le coupon-réponse pour la sortie de votre enfant à la garderie* ? Vous êtes tout simplement une maman qui en a plein les bras et qui a droit à l'erreur.

❏ **Soyez «imperfectionniste».** Décidez d'être vraiment moche dans quelques domaines et soyez intraitable : vous n'avez pas l'intention de vous améliorer. Soyez la spécialiste des salades d'accompagnement achetées à l'épicerie*, devenez la pro des miroirs bariolés ou la championne collectionneuse de «minous*» qui roulent dans les coins des pièces de votre maison. Avis à ceux qui voudraient critiquer : vous êtes imparfaite, et alors ?

❏ **Cessez de vous comparer.** Le gazon est toujours plus vert chez le voisin. Peut-être, mais il cache peut-être des pissenlits et des vers blancs. Même si votre charmante voisine étend ses vêtements sur la corde à linge en ordre de grandeur (avec des épingles assorties aux vêtements, par-dessus le marché), qu'elle a des conversations philosophiques avec son bébé de 18 mois et que les murs de son entrée sont tapissés des nombreux certificats de ses autres enfants, rien ne vous dit que sa vie est plus satisfaisante que la vôtre. Tout est question de perception et d'attitude. Secrètement, c'est peut-être elle qui envie les cuisses d'enfer de votre homme lorsqu'il tond la pelouse, tout en sueur. Elle jalouse peut-être aussi la débrouillardise de vos enfants qui arrivent à s'amuser seuls dans la cour pendant que vous relaxez sur un matelas pneumatique dans la piscine, un verre de sangria à la main. Bref, évitez les comparaisons, mais si vous devez vraiment succomber, comparez-vous à pire, c'est toujours bon pour le moral !

Plus d'indulgence et de confiance, moins de pensées négatives

Nulle en maths ? Bravo !

Si aligner des nombres et calculer mentalement vous répugne, tant mieux ! Personnellement, mon amour des nombres a failli me faire courir à ma perte. Je passais mes journées à compter : j'ai crié après les enfants 6 fois aujourd'hui, mon ménage n'a pas été fait depuis 4 semaines, j'ai eu 20 minutes de moins de pauses que PapaRelax ce soir... Rien pour faciliter mon estime de moi ! J'ai réglé le problème en éteignant ma calculatrice intérieure. Si l'envie de calculer me reprend, je tente des opérations plus positives : 4 câlins, 2 fous rires, 12 muffins au chocolat et 30 pages lues, aujourd'hui. Pas si mal, comme bilan !

Simplifier, diminuer

Choisissez maintenant de faire le minimum. Votre vie sera-t-elle réellement plus belle lorsque vous aurez réalisé tout ce que vous aviez prévu et inscrit à l'agenda ? Attendez-vous que vos enfants fréquentent l'école ou d'avoir fini de payer votre maison pour en profiter ? Commencez !

❑ **Inscrivez.** Faites la liste de tout ce que vous ne ferez PAS aujourd'hui. Si l'envie de tricher est trop grande, entamez une seconde liste sur les meilleures façons de perdre votre temps dans votre journée. Trop ambitieux comme défi ? Commencez par inscrire un élément unique sur chacune de ces listes. Simplifier sa vie pour avoir plus d'espace et de temps, c'est tentant, non ?

❑ **Allégez...** votre horaire, vos activités, vos tâches, vos fréquentations inutiles. Faites en sorte que la quantité d'impondérables de la journée diminue de façon drastique. Cela vous donnera toute la place qu'il faut pour vos plaisirs imparfaits mais fondamentaux.

❑ **Désencombrez.** Libérez vos placards, tiroirs et armoires de vos possessions superflues. Vous récolterez ainsi du temps, de l'espace et de l'énergie. Vous y gagnerez au change : moins de corvées de nettoyage à faire, un sentiment de calme face à un environnement épuré, moins de frustration à chercher les objets perdus, moins de honte à recevoir des amis à l'improviste... Il semble même que l'espace ainsi créé permette à l'argent et à la santé de s'établir ! Avis aux intéressées !

❑ **Diminuez vos attentes.** Le rêve américain : grosse maison d'une propreté impeccable, voiture de l'année, petite famille unie, mari travaillant et à la fois présent, vie de couple passionnée et compte de banque bien garni... Parions que cela ne correspond pas exactement (ou alors, pas du tout !) à votre vie. Le malheur, c'est bien cette différence entre ce que l'on veut et ce que l'on a. La meilleure façon d'augmenter votre «capital bonheur» ? Une attitude plus sereine. Changez ce que vous pouvez modifier, profitez de ce que vous avez et acceptez le reste, tel qu'il se présente à vous. Rêvez, mais appréciez : la gratitude est une clé importante.

❑ **Renoncez.** Êtes-vous affligée du syndrome du «toujours plus» ? Parmi les symptômes : viser un but plus grand à peine un premier but atteint et s'acharner aux tâches jusqu'à un résultat parfait qui tarde pourtant à venir. Posologie : méditez sur cette phrase après chaque repas, en buvant un peu d'eau : le mieux est l'ennemi du bien. Avez-vous digéré la pilule ?

Moins de prétentions, plus de satisfaction

Assez ? Trop ?

Je suis imparfaite et fière de l'être, parce que j'ai diminué de beaucoup mes exigences envers la mère que je suis. Mon aînée a suivi tous les cours inimaginables. Elle a appris ses nombres, ses couleurs et une variété de connaissances à une vitesse folle. Elle a marché, parlé et été propre très tôt. Je la voulais parfaite. Mais avec les deux plus jeunes, j'ai compris que ce qui compte, c'est le bonheur de mes enfants. L'obtention du prix Nobel «de l'enfant doué» et les stimulations à n'en plus finir ne sont pas garantes de leur bonheur. Je laisse mes filles vivre et profiter de leur enfance. Je ne suis pas une mauvaise mère si elles sont imparfaites. Je suis une mère, tout simplement. Imparfaite, et alors (IEA) ?

Confidences...

Perfectionnistes de mère en fils?

Vous êtes un modèle pour vos enfants. Prendrez-vous le risque d'être un modèle perfectionniste?

« Des études montrent que les enfants de parents perfectionnistes risquent, plus que les autres, de [...] développer un sentiment de peur de la faute, une crainte d'être jugés durement par leur entourage, un manque de confiance en eux et une réticence à s'exprimer ou à lire en public. En d'autres termes, les enfants de perfectionnistes courent le risque de devenir perfectionnistes eux-mêmes et d'en subir les mêmes conséquences pénibles que les adultes. [...] Les parents doivent offrir à leurs enfants un amour inconditionnel. Il est particulièrement dangereux qu'un enfant s'imagine que l'amour de ses parents dépend de ses performances ou de son apparence. »

Alice D. Domar,
[avec la collaboration d'Alice Lesch Kelly]
Être heureuse sans être parfaite
En finir avec cette insatisfaction
qui nous gâche la vie

L'ère de l'insatisfaction

Nous souhaitons réussir dans tous les domaines, simultanément. Nous vivons dans une société d'abondance et de consommation. Cette abondance est-elle la recette du bien-être et du bonheur? Si c'était le cas, nous devrions être heureux comme nulle part ailleurs et comme jamais auparavant. Au contraire, notre société est l'une des plus insatisfaites qui n'ait jamais été.

« Je serais plus heureuse si... »

Est-ce un mensonge que vous vous racontez?
Courez-vous après un mirage qui recule sans cesse?

Privilèges VIP de la mère imparfaite
(Very Imperfect Person)

Permettez-vous:

- de recevoir des amis avec un menu simple, et ce, même si le ménage de votre maison n'est pas fait;
- de croire la personne qui vous dit que vous êtes jolie et d'être satisfaite de l'image que vous projetez;
- de ne pas être préoccupée en cas de remarque négative et d'accepter une suggestion sans vous sentir moche;
- de ne pas conformer les personnes que vous estimez aux règles que vous vous imposez;
- de prendre des décisions sans les regretter;
- de lire moins de livres sur l'éducation des enfants et de ne pas vous sentir incompétente en tant que mère si les vôtres se roulent par terre dans un lieu public.

Vous possédez beaucoup.
Et si vous cessiez de ne voir que ce qui vous manque?

Défi imparfait

Faites-en RÉELLEMENT MOINS. Essayez une combinaison de ces tactiques:

- coupez dans vos activités, tel un ministre des Finances dans un budget déficitaire;
- cessez de croire que vous pourriez en faire toujours plus si vous perfectionniez votre organisation et votre gestion du temps;
- appliquez la philosophie d'en faire moins pour obtenir plus, et non le contraire;
- interrompez votre corvée sans l'avoir terminée pour aider votre enfant;
- troquez la perfection pour un soupçon de paresse.

La modération n'a-t-elle pas meilleur goût?

de mères imparfaites

L'obligation au bonheur

Légende urbaine ou triste constatation ? Nous nous sentons en quelque sorte obligées d'être heureuses. Pire encore, si l'euphorie n'est pas au rendez-vous, on a souvent l'impression de passer à côté de la vie.

Même si tout n'est pas toujours coloré ou excitant, il faut apprendre à apprécier les couleurs pastel et les petits plaisirs simples. La perfection va-t-elle jusqu'à rire aux éclats coûte que coûte ? Un sourire satisfait ne vaut-il pas tout autant ?

PapaZen,
la perfection au masculin

Fabulation du père imparfait que je suis :

« La perfection ? C'est une thématique tellement facile à aborder. Après tout, pour discourir avec un minimum de crédibilité sur un sujet, il faut une certaine expérience. Or, ma relation avec la perfection (et je le dis bien humblement) est très vaste. C'est parfois difficile à assumer, mais je dois dire que je ne connais pas le « vice parental «. Il ne faut pas croire ce qu'on écrit parfois à mon sujet... Perdre patience avec les enfants ? Impossible ! Regretter la justesse d'une intervention auprès d'eux ? Jamais. Je suis toujours parfaitement dans le ton... Complimenter ma conjointe sur son intelligence ou sa grande beauté ? Je m'en fais un devoir quotidien ! Le ménage ? J'y consacre tous mes temps libres, mais jamais quand les enfants sont éveillés, puisque je les divertis à tout instant. Le comble, chaque activité est à la fois ludique et hautement pédagogique. Ils en sont eux-mêmes totalement soufflés et parlent de moi avec fierté à la garderie... Vous vous dites sans doute : « *Le pauvre, il doit être épuisé.* » Rassurez-vous, deux ou trois heures de sommeil me suffisent pour être à tout moment souriant et énergique. J'adore cette vie de père ! »

« Les femmes parfaites n'existent pas, et si elles existaient, elles seraient franchement ennuyeuses. »

William St-Hilaire,
Les femmes en font trop !

La culpabilité sans distinction

Beaucoup de mères se sentent coupables...
Quoi qu'elles décident, elles pensent souvent à tort que ce qui cloche est de leur faute. Qu'elles travaillent ou restent à la maison, soient secrétaires ou directrices, soient permissives ou autoritaires, qu'elles couvent leur rejeton ou lui apprennent à se débrouiller...
Bienvenue dans le club ! Pour en sortir, adhérez plutôt à l'association du « Je fais ce que je peux et c'est tant mieux ! »
L'inscription est gratuite !

Claires...

De : Julie
Envoyé : 6 février 2006
À : Anik
Objet : Babyblues avant son temps

Allô, Anik,

Comment vas-tu ? De mon côté, ça va. J'aborde ma 37e semaine de grossesse. J'ai passé la première semaine de mon congé de maternité à NE RIEN FAIRE et je passe les autres à régler une foule de petits trucs avant le jour A. Je suis prête, quoiqu'un saut dans le vide demeure toujours inquiétant pour ma petite tête.

À vrai dire, j'ai le cafard. Maintenant, plus que jamais (hormones, fébrilité ou sagesse ?), je me rends compte que mes journées sont une course contre la montre, que les choses vont beaucoup trop vite. J'ai l'impression de ne jamais prendre un temps d'arrêt pour apprécier ce que j'ai. Ma vie se résume à une série de tâches insignifiantes que j'accomplis en automate. J'aimerais que ça change lorsque PetiteSœur sera là. Ce n'est pas la vie que je souhaite pour notre quatuor.

Je pense que ce que j'aimerais, c'est me payer le cadeau de discuter avec un psy pour faire le ménage dans ma tête. Voir clair dans mes priorités, mes valeurs et ce qui est important pour moi. Apprendre à mieux vivre avec moi-même et avec PapaZen. Être plus consciente de ce que je suis. Prendre le temps de vivre... Je suis certaine que je peux investir de l'énergie pour rendre ma vie et celle de mes proches plus belle.

Qu'est-ce que tu en penses ? Je suis tellement compliquée que je fais ma dépression post-partum avant d'accoucher. Au moins, ce sera une bonne chose de faite. ;-)

Julie

De : Anik
Envoyé : 7 février 2006
À : Julie
Objet : RE : Babyblues avant son temps

Salut, Julie !

La confidente en moi te dit : je te comprends à 100 %. C'est la sensation de toujours refaire la même routine, un peu comme le film *Le jour de la marmotte*. Tu connais ? Le pauvre type se réveille chaque jour à la même date et ses journées sont identiques aux précédentes. Il essaie de s'en sortir, mais peine perdue, tout est toujours à recommencer. Ne t'inquiète pas, moi aussi je me regarde aller et j'ai cette impression que tous les jours se ressemblent.

La mathématicienne en moi te dit : vie de famille + vie professionnelle + rôle de mère + rôle de conjointe = rides d'expression et questionnements existentiels assurés !

Arrête de lutter, c'est normal : les cheveux blancs se multiplient à mesure que les priorités deviennent moins claires, et c'est encore plus vrai avant, pendant et après une grossesse !

La sage en moi te dit : donne-toi le temps d'accoucher avant de prendre des résolutions dictées par tes hormones. En attendant, essaie de te faire plaisir et de te donner un ou deux objectifs créatifs à atteindre chaque jour. En accomplissant des choses différentes, tu ne t'en porteras que mieux. Essaie, tu verras !

Anik

les priorités

De : Julie

Envoyé : 9 mai 2009

À : Anik

Objet : Agenda de PDG

Allô, Anik,

Comment vas-tu cette semaine ? Ici, ça va vite. Pourtant, je suis en congé de maternité. Je devrais « théoriquement » disposer de « beaucoup » de temps « libre »… C'est tout l'inverse de cette croyance populaire. Respire un bon coup et parcours la liste de tout ce que j'aimerais avoir réglé pour me sentir plus légère :

- planifier nos vacances en famille (activité pourtant plaisante, mais qui me semble une montagne…) ;

- planifier nos vacances d'été en couple à l'étranger (notre premier voyage seuls en sept ans, c'est nettement mérité) ;

- me présenter à quatre rendez-vous médicaux avant la fin du mois (à trois enfants, ça devient vite exponentiel, et cela n'inclut pas le caractère bougon de Frérot après son vaccin, ni les visites chez l'optométriste pour PetiteSœur qui croque ses nouvelles lunettes) ;

- faire le taxi pour les filles, car PapaZen a un surcroît de travail (les enfants entrent maintenant en ordre alphabétique dans la voiture, c'est plus simple !) ;

- motiver PapaZen à faire quelques travaux de peinture, à changer les pneus d'hiver et à s'occuper de son passeport (une mère imparfaite laisse à son homme les domaines qui lui reviennent !) ;

- compléter l'écriture de ce chapitre (je me sens déjà davantage inspirée, on dirait…).

En plus, il faudrait que je passe chez la coiffeuse, que je trouve une garderie* pour Frérot et que je fasse un peu d'exercice chaque jour ! Ouf ! Pourrais-je simplement vivre, sans me poser de questions ? Pourrais-je troquer l'efficacité contre la légèreté ? Y a-t-il une recette miracle qu'on n'aurait qu'à télécharger et à réaliser en trois points ?

Rien qu'à t'énumérer tout cela, je me sens déjà mieux ! Une montée de lait, au sens propre comme au figuré, soulage toujours un peu.

Julie

De : Anik

Envoyé : 10 mai 2009

À : Julie

Objet : RE : Agenda de PDG

Salut, Julie !

Je vois que, malgré la venue du printemps, notre petit blues est partagé. PDG, comme dans *Petites tâches Deviendront Grandes* ou dans *encore Plus Dans la Gadoue* ? Les deux s'appliquent à mon cas !

Je me dis que je devrais profiter du grand nettoyage printanier pour faire le ménage de mes priorités. Ça me permettrait de mieux avancer. Si tu rêves d'une recette miracle, moi j'aimerais bien recevoir une boule de cristal pour la fête des Mères. ;-) Je saurais enfin un peu plus comment équilibrer mon temps entre les projets qui me semblent importants.

Chaque semaine, j'ai l'impression qu'une série de trucs « urgents » à première vue m'empêchent d'être à 100 % dans les projets qui me tiennent à cœur. J'ai aussi l'impression que je n'arriverai jamais à faire tout ce que je veux. Mais qu'est-ce que je veux vraiment ? Je ne sais pas où couper, il me semble que tout est essentiel…

Anik

La ligne...

Julie attend nerveusement que son interlocuteur décroche à l'autre bout du fil.

«Département des souhaits, bonjour! répond une voix enjouée.

– Génie? Je te dérange?

– Pas du tout! Je suis sur la plage en train de me la couler douce pendant que des mères m'appellent pour me demander conseil.

– Écoute, génie, reprend Julie d'un ton désespéré. Je ne sais plus où j'en suis... Avoir des enfants, ce n'est pas comme je l'avais imaginé. C'est un boulot à temps plein. J'ai la tête et les bras pleins. Je passe mes journées à courir en tous sens parce que je ne sais plus ce que je cherche. J'essaie de vivre comme avant, mais ça ne fonctionne pas. J'ai perdu mes repères. Je n'ai plus une minute à moi... J'envie PapaZen parce qu'il peut aller aux toilettes tout seul; c'est tout dire! Tu comprendras que je n'ai pas l'occasion de prendre un temps d'arrêt pour différencier l'important de l'accessoire...

– Holà! je t'arrête tout de suite. Le courrier du cœur, c'est le dossier de mon collègue. Ici, c'est le département des souhaits. Tu as droit à trois. Il suffit de commencer trois phrases par "Je veux..." Puis, *tadam*! Tes désirs sont des ordres!

– Euh...

– C'est sans risque, ajoute le génie qui poursuit son boniment. Aucune obligation. Aucun vendeur n'ira chez toi.

– Euh... Disons que tu me prends au dépourvu. Je ne pensais pas que c'était si simple. Il suffit de demander? Je n'ai pas besoin d'en rajouter et de me plaindre pour que tu aies le goût de m'aider?

– *Niet!* Le service à la clientèle, ce n'est pas pour moi! Profites-en. C'est ma tournée! J'ai même un spécial 4 pour 3 cette semaine. Recevez maintenant, payez plus tard. Livraison au moment qui te convient.

– À vrai dire, je ne sais pas vraiment quoi demander. Par où devrais-je commencer?

– C'est pourquoi j'ai choisi ce métier, répond le génie avec modestie. Les besoins sont grands. Je me sens utile. Je sens que je fais une réelle différence dans la vie des mères... Je suis le génie le plus heureux du monde. Je reçois des preuves de gratitude chaque jour et...

– Je veux..., l'interrompt Julie, hésitante. Je veux du temps pour moi toute seule. Pour me ressourcer, faire le point, me faire plaisir ou, encore mieux, ne rien faire! Et sans culpabilité... Est-ce possible?

– Voyons cela, ajoute le génie en feuilletant son catalogue dans la section "souhaits un brin égoïstes". Ici, j'ai: "se réaliser en tant que personne et en tant que femme dans des projets qui tiennent à cœur". Est-ce que ça conviendrait? Ça vient avec l'option "indulgence envers soi-même".

– Génie, reprend Julie, visiblement émue, tu lis dans mes pensées!

– Noté! Ton deuxième souhait maintenant.

– Je veux..., entretenir la complicité dans mon couple. Et passer plus de temps avec PapaZen. Depuis l'arrivée des enfants, on ne sait plus vraiment ce qu'est un tête-à-tête. J'aimerais qu'on se comprenne à demi-mots, comme avant, et qu'on trouve des stratégies pour passer du temps de qualité ensemble.

1-800-pri-oriT

– Un forfait "vie de couple épanouie" pour Madame ! Pour Monsieur, le forfait vient habituellement avec "intelligence émotionnelle : je comprends ma blonde* même si elle parle en code", "système D : j'ai de l'initiative avec les enfants" et "mémoire : je n'ai pas besoin qu'on me rappelle ce qu'on m'a demandé". Pour Madame, il vient avec "intelligence émotionnelle : je suis un grand livre ouvert et je m'apprécie à ma juste valeur", "joie de vivre : je vis le moment présent" et "lunettes roses : je fais l'effort de voir les choses sous un bon jour, même les chiffres sur le pèse-personne".

– C'est vraiment ce dont j'ai besoin ! Est-ce que je peux prendre, en supplément, "portefeuille extensible pour se payer un séjour dans une auberge, un bon repas au resto et une petite gardienne*" ?

– Il suffisait de le demander ! Et pour ton troisième souhait ?

– Je veux que mes enfants aient confiance en eux et qu'ils aient une estime de soi à toute épreuve. Je veux qu'on les aide à atteindre leur plein potentiel et qu'ils soient "pétants" de santé.

– Pour les souhaits qui s'appliquent aux enfants, les options "bonnes nuits de sommeil", "phases *terrible two* et *fucking four* atténuées", de même que "bonne entente avec la fratrie" sont très populaires. Tu les veux ?

– Pourquoi pas ?

– J'ai bien noté, résume le génie. Un forfait personnel, un forfait vie de couple et un forfait enfants. Le spécial de cette semaine, je te l'ai dit, offre un quatrième souhait. Souvent, les mamans ont une demande relative à leur travail à adresser. Je me trompe ?

– Je comprends maintenant pourquoi on m'avait tant vanté tes services. Alors, voilà. Je veux m'épanouir dans un boulot qui offre le compromis idéal entre créativité et responsabilités. Je veux mettre mes compétences en valeur sans angoisser de ne pas être assez présente pour mes enfants.

– Ça tombe bien, confirme le génie en consultant sa base de données. J'ai l'emploi qu'il te faut à deux pas de chez toi avec des collègues que tu apprécieras. Pour la livraison... Nous serons dans ton secteur demain. Seras-tu à la maison ?

– Bien sûr que j'y serai ! Ce n'est pas le département des souhaits, c'est le département des miracles ! Génie... je ne sais comment te remercier !

– Tout le plaisir est pour moi. Mais si tu veux rendre l'exercice plus simple, au lever le matin, prononce "je veux" autant de fois que tu le désires. Il suffit d'être convaincue que tu recevras ce que tu as demandé. Et tu le recevras. Il n'en tient qu'à toi... »

Julie raccroche le combiné avec un sentiment de légèreté sans égal. Quatre forfaits qui correspondent à ses besoins livrés à domicile par un gaillard aux solides biceps. Bonjour, les vraies valeurs ! *Bye bye* les futilités déguisées en fausses urgences.

Ce que la mère imparfaite en moi en pense

«Imperfectionniste»...

Les listes servent à se découvrir et à mieux se connaître. Elles permettent de clarifier les événements vécus et de garder le contrôle de votre vie. Peu importent votre personnalité et vos ambitions, elles seront un support indispensable pour découvrir vos vérités et tracer la route qui vous mènera à vos buts.

Je raffole des listes. Et alors?

☐ les projets créateurs que j'aimerais réaliser si j'avais le temps ;

☐ ce que je ferais si j'étais seule dans une chambre d'hôtel loin de tout, ou si je n'avais pas à travailler demain ;

☐ les 100 activités que j'aime le plus ;

☐ je ne suis pas prête, mais un jour je... ;

☐ mes rêves lorsque j'étais toute petite ;

☐ ce que je ferais avec tout l'or du monde ;

☐ le souvenir que je voudrais que mon entourage conserve de moi ;

☐ une journée ou une année idéale dans ma vie ;

☐ ce que je n'ai surtout pas envie de regretter lorsque je serai une vieille dame ;

☐ ce qui caractérise une belle vie ;

☐ la personne que j'aimerais être ;

☐ comment je me vois dans 1, 5, 10 ou 20 ans ;

☐ les buts que je voudrais atteindre ;

☐ les folies que je voudrais commettre ;

☐ ce que j'ai toujours voulu faire sans avoir jamais eu l'occasion de l'accomplir ;

☐ ce que je ne veux plus dans ma vie et les actions à entreprendre pour m'en libérer ;

☐ les activités qui me distraient de mes objectifs essentiels.

- faire les albums photo
- écouter des films, doder
- baigner
- Ø pomnifère, Ø bouteille
- avoir carrière, famille
- aime aider les autres
- gym, jouer dehors
- de ne pas avoir été présente
→ avoir bonne carrière mais conserver l'équilibre avec la famille.

jusque dans mes listes !

« Le meilleur moyen de se préparer à atteindre un objectif, c'est de s'imaginer qu'on l'a déjà atteint. »

Dominique Glocheux,
éditeur français

Viser plus en faisant moins

Voici le moment de réfléchir à votre attitude et vos sentiments à l'égard de vos priorités et de vos objectifs. Ces derniers tiennent-ils toujours la route ? En voyez-vous les bons côtés ou doutez-vous plutôt de leur pertinence ? Où vous situez-vous aujourd'hui ? Que voulez-vous vraiment ?

Ma vie: les bons côtés

Ma vie: les moins bons côtés

Ce que je désire

« Les choses qui importent le plus ne doivent pas être à la merci de celles qui importent le moins. »

Johann Wolfgang von Goethe,
écrivain et savant allemand

objectifs   priorités   valeurs   vie   accomplissements   bonheur   agir
déterminer   réaliser   atteindre   avancer   identifier   grandir   important
accessoire   réaliste   satisfaite   positive   motivée

Mon objectif:

Imparfaite, mais efficace

La parfaite imperfection... j'y suis!

La crème...

Voir clair

Qu'est-ce qui compte le plus pour vous ? Il s'agit probablement de la question la plus importante que vous vous poserez de toute votre vie.

☐ **Écrivez.** Tenez un journal, réfléchissez à des mots qui clarifieront vos sentiments, vos besoins et vos envies. Séparez vos notes en deux. Tristesse, découragement ou colère ? Vous les canaliserez dans un foutoir, sans trop affecter vos relations avec les gens que vous aimez. Plaisir, satisfaction et émerveillement ? C'est toujours pratique de relire son journal du bonheur en cas de cafard ! Les « phautes d'aurtograffes » sont permises, le but étant de ne pas vous censurer ni d'avoir à être politiquement correcte.

☐ **Déterminez vos grands domaines de vie.** Ces domaines vous seront utiles pour alimenter votre réflexion, un peu plus loin dans ce chapitre. Jonglez avec les concepts qui suivent pour découvrir ce qui vous caractérise vraiment : activité physique, alimentation, argent, connaissances, couple, développement personnel, équilibre, famille, loisirs, santé, spiritualité, temps, travail et vie sociale. Regroupez, raturez, renommez jusqu'à ce que vous obteniez une demi-douzaine de grands domaines qui vous personnalisent. Si vous êtes aussi spirituelle qu'un ver de terre ou que vous avez les aspirations financières d'un moine tibétain, vous pouvez facilement mettre de côté certains domaines.

☐ **Notez autrement.** Essayez l'exercice de l'écriture automatique. Accordez-vous 15 minutes régulièrement pour noter, sans réfléchir, tout ce qui vous passe par la tête : pensées positives, pensées négatives, soucis, souvenirs heureux, tâches à accomplir... Tout ! Vider son esprit des tracas inutiles qui, une fois écrits, semblent exister ailleurs qu'en nous, permet de se concentrer sur des tâches plus créatrices.

☐ **Imaginez.** Demandez-vous comment sera votre vie dans 5 ou 10 ans. Amusez-vous à constater le chemin que vous avez parcouru, ces dernières années, et dressez des plans pour l'avenir. Détaillez un portrait (écrit ou imagé) de vos rêves pour chacun des domaines que vous avez précisés. Admiratrices ou non d'Elvis Gratton*, n'hésitez pas à appliquer sa célèbre réplique : « *Think big !* » Rêvez grand et tenez bon, même si l'on peut qualifier vos projets de farfelus.

Moins de questionnements inutiles, plus de continuité et d'assurance

Les listes de Julie

Au lieu d'écrire un journal, j'écris des listes ! Pas des listes de trucs à faire. Des listes pour le plaisir de voir clair !

En effet, certains auteurs affirment que les listes permettent de se simplifier la vie et de la valoriser. Concise et immédiate, cette forme d'écriture donne une vision panoramique de notre vie, et permet de repérer nos incontournables.

« Mes souhaits les plus chers... Ce qui me pèse et que j'ai hâte d'avoir fini... Mes résolutions... » en sont des exemples. Je me relis. J'ajoute. Je rature. Je date. Bref, je construis ma vie.

Ferez-vous de même pour connaître vos grandes vérités ? Utiliserez-vous les pages de listes présentées dans chaque chapitre ?

de l'imperfection

Définir

Puisque toutes les mères rêvent d'une vie plus simple, établir vos priorités est un réflexe que vous ne regretterez jamais d'avoir développé. Prête pour un nouveau départ ?

❏ **Faites ressortir.** Sur des feuilles de papier, notez tous les «Je veux» qui vous tiennent à cœur, à raison d'un désir par ligne. Désir banal ou extravagant, projet de demain ou de toute une vie, tout est permis !

❏ **Déterminez le point d'arrivée.** Une fois l'exercice terminé, découpez vos souhaits et regroupez-les dans vos grands domaines de vie. Le mot d'ordre est «personnalisez». Relisez, triez et ajoutez au besoin. Bravo ! Vous tenez en main votre billet pour le prochain départ. Destination : VOTRE VIE.

❏ **Établissez l'itinéraire.** Choisissez un objectif prioritaire pour chacun de vos domaines de vie. Allez-y d'abord d'un verbe d'action et formulez l'énoncé de manière positive. Rédigez vos objectifs avec réalisme, mais toujours avec une part de défi en tête. (Note importante : faites attention à ce que vous demandez, car vous pourriez bien l'obtenir !)

❏ **Tracez l'itinéraire.** Inscrivez chaque objectif prioritaire sur une feuille de papier pour donner un caractère plus formel à votre engagement. Vos objectifs sont-ils d'obtenir cette promotion, d'avoir une vie de couple épanouissante, de développer vos talents ou de favoriser l'estime de soi chez vos enfants ? Transformez chacun de vos objectifs en mode d'action. Comment vous y prendrez-vous cette année pour progresser dans la direction de votre objectif ? Comment vous y prendrez-vous demain ? Toutes ces réponses guideront le sens de vos actions. Faites preuve de créativité en établissant votre marche à suivre. Albert Einstein ne disait-il pas que la folie consistait à se comporter toujours de la même manière en espérant un résultat différent ?

❏ **Fixez la date de départ et d'arrivée.** Dressez un plan détaillé et échelonnez-le dans le temps. Il vous guidera vers la concrétisation de vos objectifs et vous évitera de tourner en rond. Mettez en perspective vos objectifs en fonction de leur échéance (court, moyen ou long terme). Précisez les ressources dont vous disposez. Soyez souple : rappelez-vous qu'on ne raccourcit pas un rêve, on en déplace seulement l'échéance. Si vous avez une petite déprime parce que certaines de vos tâches quotidiennes vous paraissent vides de sens, dites-vous qu'une femme imparfaite avertie en vaut deux !

Moins d'objectifs confus ou inconnus, plus de sérénité

L'esprit léger

Devenue mère, j'ai constaté que je passais des journées éreintantes même si je ne réalisais rien d'important. Pour m'en sortir, j'ai lu sur l'efficacité et la gestion du temps, sous le regard ahuri de PapaZen et de mes collègues. D'après eux, je serais tombée dans la potion magique de l'organisation quand j'étais bébé. Pourtant, j'ai fait une importante découverte : se fixer des objectifs et travailler à les atteindre, voilà la meilleure façon de gagner du temps et d'être enfin satisfaite de ses journées. Remplir mon horaire d'activités significatives associées à mes priorités, voici LE truc ultime qui m'a simplifié la vie !

L'imperfection...

Prioriser*

Une fois vos priorités établies, il faut déterminer par où commencer. Il s'agit d'ordonner vos objectifs en fonction de leur importance, afin d'accorder toute l'attention que mérite celui placé en tête de liste.

❑ **Ordonnez.** Classez chacun de vos objectifs prioritaires, du plus important au moins important. Pour surmonter la difficulté que représente le cruel dilemme de choisir entre votre bonheur personnel et celui de votre chéri ou de vos petits trésors, pensez globalement. Imaginez que vous êtes devenue une vieille dame et réfléchissez à ce que vous voudriez avoir réalisé d'important au cours de votre vie. Vous pouvez aussi dresser le tableau des victoires en comparant vos objectifs à tour de rôle, deux par deux, question de savoir lequel remporte le plus souvent la palme.

❑ **Hiérarchisez.** Établissez la priorité de vos objectifs et des moyens d'action qui en découlent. Demandez-vous : à quel objectif devrais-je consacrer du temps aujourd'hui ? Lequel m'apportera la plus grande satisfaction une fois réalisé ? Quelle tâche me permettra à coup sûr d'atteindre mes objectifs ? Si recevoir un massage sous la pluie est la réponse, étant donné l'objectif de vous calmer, emparez-vous de vos clés et de votre sac à main sans remords ! Si on vous demande ce que vous faites aujourd'hui, soyez libre de répondre que vous travaillez à l'atteinte d'objectifs importants.

❑ **Diagnostiquez les pertes de temps.** Choisissez de vous concentrer uniquement et entièrement à la réalisation de vos objectifs. Au bureau, à la machine à café, vous est-il vraiment nécessaire d'assister au débat des avantages et des inconvénients des guenilles tricotées (fait vécu ?) À la maison, vous est-il primordial d'écouter malgré vous l'infopublicité* qui circule sur des produits dont vous n'avez visiblement pas besoin ? (Fait vécu ?)

❑ **Différenciez.** Apprenez à distinguer l'important de l'urgent. Sachez reconnaître les fausses urgences : une tâche qui mérite une attention immédiate n'est pas importante pour autant. En l'occurrence, ce n'est pas parce que vous vous évertuez à faire disparaître une tache de crayon-feutre indélébile sur votre table en érable massif que vous devez faire la sourde oreille à l'artiste en herbe qui vous explique, en long et en large, comment la princesse de son dessin réussit à ouvrir le coffre aux trésors. Privilégiez toujours l'important !

❑ **Dites non.** Devenez maître dans l'art de refuser les propositions ou invitations qui ne vous apportent rien. Écoutez votre petite voix intérieure au moment de répondre. Elle connaît la réponse imparfaite que vous avez vraiment envie de formuler.

Moins d'activités inutiles, plus d'accent sur l'essentiel

Le zèle d'Anik... (Imparfaite, elle déroge à la règle.)

Cette semaine, j'ai été zélée et fière de l'être, car je me suis écrit une lettre. J'ai décrit les aspects positifs que je voulais vivre dans les prochains mois. J'ai aussi rédigé la mission de ma famille, un peu comme les entreprises le font. Je me suis souhaité de grandes réussites dans les domaines importants à mes yeux, exactement comme je l'aurais fait pour une amie. J'ai affranchi une enveloppe, j'y ai inséré ma lettre et j'ai cacheté. Je l'ouvrirai très exactement dans six mois, car j'ai demandé à une amie de me la poster.
Zélée, et alors ?

Avancer

Pour vous motiver à franchir les étapes nécessaires à la réalisation de vos objectifs, rappelez-vous que de petites actions amènent souvent de grands résultats.

❑ **Invitez.** Afin de comparer vos visions, proposez à votre conjoint de faire de son côté les réflexions proposées dans ce chapitre. En ayant une image claire de vos objectifs, vous vous soutiendrez dans leur réalisation. D'accord, si le but premier de votre homme est de devenir Monsieur Muscle alors qu'il est du genre sportif de salon* et que vous souhaitez trouver un meilleur emploi sans envoyer de curriculum vitæ, chacun pourra être d'abord sceptique. Développer un soutien mutuel vous aidera.

❑ **Organisez.** Accordez du temps à vos objectifs les plus importants. Planifiez chaque journée et chaque semaine en ciblant les actions qui vous permettront d'atteindre vos buts et en écartant celles qui vous en distraient. Ne travaillez pas plus dur : organisez-vous plus astucieusement !

❑ **Visualisez.** Utilisez le pouvoir des images pour atteindre vos buts. Si tous les objets qui vous entourent ont d'abord été créés mentalement avant d'exister physiquement, pourquoi n'en serait-il pas de même pour votre vie ? En ayant une image claire de ce qui n'existe pas encore, en anticipant l'avenir désiré, celui-ci risque d'être exactement comme vous l'avez visualisé.

❑ **Imaginez.** Pour chacun de vos domaines de vie, découpez, dessinez ou photographiez des éléments qui correspondent à vos rêves. Utilisez-les pour créer des aide-mémoires uniques, que vous pourrez regarder à souhait.

❑ **Inspirez-vous.** Entourez-vous de personnes positives qui vous feront réaliser de nouveaux apprentissages et vous apporteront motivation et encouragement. Fréquentez des lieux inspirants qui vous permettront de faire le plein d'énergie.

❑ **Soyez alerte.** Il se présente toujours des circonstances propices à la matérialisation de vos rêves. À vous de savoir les distinguer ! Branchez-vous sur le « canal intuition » plutôt que la télévision.

❑ **Félicitez-vous.** Appréciez les réussites partielles. Le processus est souvent plus important que le résultat final.

❑ **Soyez en mouvement.** Lorsque vous atteignez un objectif, prenez le temps de savourer votre victoire. Utilisez cette confiance en vos moyens pour ajouter un nouvel objectif à votre feuille de route. Votre assurance vous permettra de vous dépasser, une fois de plus.

Plus de petits pas, moins d'hésitations

Anik s'affiche

Quand mes objectifs sont présents à mes yeux, j'augmente mes chances de les réaliser...
J'écris mes objectifs quotidiens et mon défi de la semaine dans mon agenda.
Mes objectifs annuels figurent sur une feuille que j'installe dans ma penderie. Je les inscris également sur mon fond d'écran, à l'ordinateur. Je peux donc les lire souvent. En janvier, je regarde ce qui a été réussi et j'adapte le tout en fonction de mes nouvelles priorités ou de mes besoins immédiats.
En même temps, je vois à ce que mon horaire concorde avec mes priorités.

Plus de cases horaires pour ce qui compte vraiment pour moi, moins d'éparpillement.

Confidences...

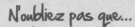

N'oubliez pas que...

L'être humain a horreur du vide. Si vous ne savez pas ce que vous voulez précisément, vous risquez de remplir votre horaire d'activités banales sans vous laisser de temps pour ce qui compte le plus à vos yeux.

À quoi sert-il d'aller plus vite si on ne sait pas où l'on va?

Défi imparfait

Choisissez d'être optimiste et audacieuse !

Chaque jour, répétez-vous que si vous utilisez efficacement vos habiletés et vos talents, il n'y a aucune raison pour ne pas atteindre votre but.

Rêvez les yeux ouverts et entreprenez chaque jour une action nécessaire à l'obtention de ce qui vous est cher.

Commencez maintenant.
C'est l'occasion rêvée pour un nouvel envol !

« Le seul objectif de planifier ses objectifs tous les matins permet de réaliser tous les autres. »

Charles Hobbs,
Organisez votre temps, maîtrisez votre vie.
Comment exploiter les ressources insoupçonnées de votre agenda
(L'efficacité au service de vos objectifs)

Pensez imparfait

Viser un objectif, nourrir un rêve ou travailler à réaliser un désir implique de quitter son espace de sécurité et son parfait confort.

En déjouant le doute, la peur ou le découragement, vous créez petit à petit la réalité qui vous sécurisera demain.

de mères imparfaites

La vie simple selon PapaZen

Se fixer des objectifs et relever des défis significatifs, c'est important, mais il faut garder du temps pour les bonheurs futiles qui ne nécessitent ni préparation ni grandes étapes ni réflexion. Un jeu avec les enfants, une soirée pyjama en famille ou une séance de chaise berçante avec Bébé pour le simple plaisir de se coller, autant d'activités simples qui détendent et créent des émotions positives.

MOINS DE GRANDS PROJETS, PLUS DE PETITS BONHEURS FACILES...

Quand on y pense...

Quels seraient les trois souhaits que votre enfant formulerait pour vous auprès du génie ?

Votre réussite sociale ? Votre argent ? Votre succès professionnel ?

Il souhaiterait probablement votre présence,
votre amour inconditionnel et votre sourire.

À vous de choisir la mère que vous souhaitez devenir. Une maman rigide, qui régente la maisonnée comme une professionnelle et qui ne fait jamais d'erreurs ? Ou une maman épanouie, qui sait prendre la vie au jour le jour et qui avance sans se décourager vers ce qu'elle croit important ?

« Ce qu'on obtient en atteignant nos objectifs n'est pas aussi important que ce que l'on devient en les atteignant. »

Zig Ziglar,
conférencier américain

Privilèges VIP de la mère imparfaite (Very Imperfect Person)

Offrez-vous le loisir...

- de ne plus savoir où vous en êtes et de prendre un temps d'arrêt pour faire le point ;
- d'ignorer ce que vous cherchez, mais être prête à tout pour le trouver ;
- de changer d'objectifs ou de priorités en cours de route ;
- d'avancer lentement ;
- d'hésiter avant de faire un premier pas.

Mais surtout, offrez-vous le loisir de rêver et de vous fixer de grands objectifs qui vous inciteront à vous surpasser. Les projets ne sont-ils pas ce qui nous tient en vie ?

Mesdames, déculpabilisez-vous !

Ne cherchez pas à équilibrer tous vos domaines de vie et tous vos objectifs simultanément et en tout temps.

Visez plutôt la simplicité et l'harmonie : échelonnez votre équilibre sur plusieurs années !

À la recherche...

De : Anik

Envoyé : 9 février 2009

À : Julie

Objet : Comment perdre du poids sans effort ?

Salut, Julie,

J'ai triomphé ! AngeCornue a une semaine, je suis crevée, mais j'ai déjà repris mon poids d'avant la grossesse (à un demi-kilo près, mais il ne perd rien pour attendre). J'ai été très ambitieuse, cette fois-ci. Je constate que le pouvoir de la pensée fonctionne à merveille... Du moins, sur le poids ; pas sur la quantité de tétées de nuit, malheureusement.

Selon mon expérience (et j'ai vérifié ma théorie chez plusieurs copines, démarche scientifique en sus), on prend généralement exactement le poids que l'on s'attend à prendre pendant la grossesse. La première fois, je pensais prendre 13 kg (comme ma mère quand elle m'attendait) et je les ai pris. Pour mes deux autres grossesses, j'ai décidé de voir plus petit : 9 kg, pas plus. SUCCÈS ! Ce qui est encore plus magique, c'est comment revenir au poids antérieur à la grossesse. Trois semaines pour la première grossesse, deux semaines pour la seconde et encore moins cette fois-ci. Je n'ai même pas mis de vêtements de maternité dans ma valise d'hôpital tellement j'étais déterminée. Plutôt mourir que de remettre ces vêtements déprimants.

Bien des amies me disent que mon métabolisme y est pour beaucoup, mais pourquoi ne pas croire qu'on peut influencer ce fameux métabolisme pour se défaire de ses rondeurs ? Cela vaut le coup d'essayer, non ?

Anik

De : Julie

Envoyé : 10 février 2009

À : Anik

Objet : RE : Comment perdre du poids sans effort ?

Salut, Anik,

Perdre le poids d'une grossesse uniquement par la pensée ? Ton truc arrive à point. J'en validerai la valeur scientifique quand Bébé3 sera conçu. Chose certaine, il y aurait certainement plusieurs mères mortes de jalousie en lisant cette révélation choc.

Il reste qu'en matière de poids et d'apparence, j'avoue bien humblement avoir des croûtes à manger* pour atteindre le degré d'imperfection souhaité. Je sais qu'il n'y a rien de mieux que d'arrêter de se plaindre à des copines qui n'y peuvent rien et qu'il n'y a qu'à passer à l'action pour obtenir des résultats. Alors, je pars sur des lubies comme boire de l'eau au lieu de boissons gazeuses, faire grincer mon appareil elliptique chaque matin, manger des fruits à la collation*... Mais ces bonnes résolutions sont difficiles à tenir, surtout quand on n'a pas le prétexte en or d'une grossesse, où « faire attention » devient une philosophie.

Pour bientôt, peut-être ? J'espère que ce mois-ci sera le bon...

Julie

du corps perdu

De : Julie

Envoyé : 5 mai 2009

À : Anik

Objet : Tes vacances ?

Salut, Anik !

Comment ont été tes vacances ? Ici, avec le début de la belle saison, j'ai eu le goût de magasiner un maillot de bain.

Dans la cabine, j'essayais de me rappeler les commentaires déculpabilisants de mon entourage pourtant bien intentionné. « Voyons ! Tu es correcte de même… Tu as eu trois enfants, tu sais… L'important, c'est qu'ils soient en santé… dis-toi aussi que c'est encore beau que tu rentres dans ton jean. »

Peut-être, mais la texture de ma peau « pré-partum » (Dieu ait son âme…) me parle de l'au-delà, quand vient le temps d'enfiler une tenue légère…

En guise de consolation, je me dis que les belles actrices s'entraînent plusieurs heures par jour. En plus, elles ont un buffet « *all you can eat* » de repas minceur préparés dans les règles de l'art par de grands chefs. Elles disposent aussi de soins esthétiques et de techniques chirurgicales des plus modernes qui les font paraître à leur avantage. Quand j'y pense, c'est trop cher payé.

Alors, je contrôle ce que je peux contrôler : crois-moi sincère, je maîtrise de mieux en mieux les options avancées de mon logiciel de retouches photo. Mes photos estivales seront superbes !

Julie

De : Anik

Envoyé : 6 mai 2009

À : Julie

Objet : RE : Tes vacances ?

Salut, Julie !

Je vais bien ! Et je suis reposée ! Déjà six jours depuis le retour à la réalité. Les vacances en famille ont été des plus agréables. Climat, plage et aussi nourriture.

Comme je bénéficiais d'une formule tout inclus, j'ai effectivement mangé et bu tout ce qui était inclus… Je ne compte plus les daiquiris, les *Baileys*, les margaritas et les verres de vin que j'ai avalés. Huit à dix verres par jour : glouglou, glouglou, glouglou. J'ai mal au coude à force de l'avoir levé. Sans compter les déjeuners de bûcherons (disent-ils le déjeuner du pêcheur, là-bas ?), les dîners de malbouffe, les repas cinq services chaque soir et la crème glacée en guise de collation* santé pour tous. (C'est un produit laitier, non ? Alors, régalez-vous, les filles !)

Résultat : malgré le temps passé à exercer mes muscles pour éviter de perdre mes enfants dans les vagues, j'ai pris un peu plus de 2 kg pendant la semaine (tel que je l'avais prédit). Toutefois, comme je l'avais prédit aussi, une semaine plus tard, j'en ai perdu plus d'un kilo. Il me reste un petit quart de kilo à éliminer (je devrai mettre les croustilles* de côté pour quelques jours, je crois… snif). Ça me permet de confirmer que ma théorie du poids fonctionne toujours.

Anik

Quand la réalité...

Trois mamans, confortablement assises autour d'une table de pique-nique, discutent pendant que leurs rejetons jouent au parc.

« As-tu écouté *Maman Académie*, hier ? demande Maman.

– Oui, c'était vraiment bon ! répond Mère. J'étais tellement contente que Marie se fasse éliminer !

– C'est quoi, cette émission ? interroge Ma, curieuse.

– Quoi, tu ne connais pas ! répondent en chœur Maman et Mère stupéfaites.

– Non, je devrais ?

– Il faut ABSOLUMENT que tu écoutes cela ! reprend Maman avec une émotion sentie. Le concept est intéressant. Ils prennent 10 mères qui n'arrivent pas à perdre leur poids de grossesse et ils leur font passer des épreuves pour retrouver leur taille. Chaque semaine, il y a une pesée pour déterminer les trois mères qui ont perdu le moins de poids. Le public en sauve une, et les autres candidates votent, parmi les deux mamans restantes, pour en éliminer une.

– Ah ! Et c'est quel genre d'épreuves ? demande Ma.

– Par exemple, les mamans devaient réussir la course à relais du panier à linge, répond Mère. On remplissait leur panier à ras bord de vêtements d'enfants trempés. Elles devaient courir l'étendre le plus vite possible, tout en faisant des simagrées pour divertir leur bébé et l'empêcher de pleurer.

– Il y a aussi eu le lever du "*terrible-two**-en-crise-au-magasin", ajoute Maman. Les mères devaient soulever l'enfant du plancher et l'amener dans leurs bras le plus vite possible jusqu'à leur voiture garée à 200 mètres, sans rougir de honte et en résistant à l'envie de jurer.

– L'épreuve de yoga, c'est bien difficile aussi, renchérit Mère. Les mamans devaient réussir à relaxer pendant 30 minutes sans se laisser distraire par trois enfants qui venaient, toutes les deux minutes, leur demander s'ils pouvaient prendre un biscuit au chocolat pour collation*, leur dire qu'il leur est arrivé un petit "naccident" dans leurs bobettes ou leur poser une question du genre : "Dis, maman, ils ont des dents les bébés lapins ?"

– Il y a aussi des épreuves alimentaires, poursuit Maman. La semaine passée, les mères devaient concocter un repas à base de brocoli, de chou-fleur et de tofu. Celle qui réussissait à le faire avaler entièrement à toute sa famille remportait l'épreuve. Pauvre Manon, son mari n'a pas voulu goûter le repas...

– Aussi, il y a eu le supplice du dessert, reprend Mère. Les mamans devaient passer devant une foule de desserts avec leurs enfants et les convaincre de manger des fruits à la place. Il y en a juste une qui a réussi, mais sa fille n'a que 12 mois, alors c'est encore facile à cet âge-là...

– Enfin, celle qui remporte le jeu gagne une garde-robe remplie de la nouvelle gamme de vêtements résistants aux régurgitations de bébés et aux taches de doigts d'enfants. Utile, non ? »

> « Le sport, c'est une très mauvaise idée : ça fait grossir quand on arrête ! »
>
> **Michèle Bernier,**
> *actrice et humoriste française*

dépasse la fiction

À moins que vous ne souhaitiez déménager chez nos voisins du Sud et participer à une telle émission de téléréalité (d'accord, elle n'existe pas vraiment, mais parions que cela ne saurait tarder), vous devrez vous en remettre à nulle autre que vous-même pour assurer votre remise en forme.

Voilà l'occasion de passer un beau petit contrat avec vous-même. En voici un spécimen dont vous pouvez vous inspirer librement.

Entente entre :

Maman-imparfaite-avec-ses-courbes-non-moins-imparfaites (ci-après, MamanBof)
et Maman-imparfaite-avec-un-corps-de-rêve (ci-après, MamanWow).

MamanBof s'engage à :

1) Pratiquer une activité sportive d'au moins 30 minutes par jour, au moins 5 jours par semaine. MamanBof ne peut en aucun temps invoquer l'excuse de ses responsabilités familiales pour ne pas respecter cet engagement, sous peine d'un sentiment de culpabilité intenable.

2) Manger 5 à 10 portions de fruits et de légumes par jour. La fondue au chocolat avec des fruits, les *Bloody Caesar* et la croustade aux pommes sont évidemment acceptés.

3) Écouter sa faim, c'est-à-dire manger tout en respectant ses véritables signaux de satiété. Ces fameux signaux peuvent toutefois prendre congé une fois par semaine sans aucune forme de pénalité. Les signaux de la gourmandise les remplaceront donc. Note : MamanBof s'engage à n'entretenir aucune pensée coupable liée au nombre de calories contenues dans son assiette durant ces périodes de gourmandise.

Si MamanBof respecte ces obligations, elle pourra prendre sa retraite et sera remplacée par MamanWow jusqu'à avis contraire, au grand plaisir de Papa-qui-a-probablement-la-bedaine*-de-la-trentaine-ou-de-la-quarantaine.

Note : une version masculine de ce contrat est disponible pour tous les papas.

Ce que la mère imparfaite en moi en pense

« Imperfectionniste »...

Enrichir sa vie et sa qualité de vie. S'accomplir et connaître la satisfaction. Voilà où pourrait vous mener votre réflexion au moyen des listes. Vous ferez un premier pas vers le développement de saines habitudes de vie en détaillant vos idéaux personnels, notamment en ce qui a trait à votre apparence, à votre santé et à votre alimentation. Utilisez les listes comme des confidentes. Elles ne vous jugeront pas. Utilisez-les aussi comme des références pour garder le cap sur vos objectifs. Elles vous soutiendront.

Je raffole des listes. Et alors?

- ❏ les activités sportives que j'aime pratiquer ;
- ❏ des façons de bouger à la maison ;
- ❏ des activités pour bouger en famille, en couple ou avec une amie ;
- ❏ des exercices à faire devant la télévision ;
- ❏ les conditions idéales pour réussir mon programme de mise en forme (détailler les récompenses) ;
- ❏ les bonnes habitudes que je veux acquérir pour prendre soin de ma santé (alimentation, forme physique, énergie, repos) ;
- ❏ les raisons pour lesquelles je mange quand je n'ai pas faim ;
- ❏ des aliments ou recettes santé à essayer ;
- ❏ les petits plaisirs gastronomiques que je veux savourer sans culpabilité ;
- ❏ ce que j'apprécie de mon apparence ;
- ❏ mon apparence idéale (vive les détails !) ;
- ❏ les messages négatifs que je ressasse sur mon apparence ;
- ❏ des raisons pour conserver un poids santé et les inconvénients des kilos en trop ;
- ❏ ce que je pourrais faire pour améliorer ma santé et que je ne fais pas ;
- ❏ mes meilleurs trucs pour rester mince ;
- ❏ mes meilleurs trucs pour doser mon énergie ;
- ❏ les motifs m'incitant à maigrir, à être en forme ou à augmenter mon énergie et les moyens d'y parvenir ;
- ❏ en quoi le soin de ma santé physique et émotionnelle me serait bénéfique ainsi qu'à ma famille ;
- ❏ les excuses que j'invoquerai pour ne pas faire d'exercice et les moyens de les contourner.

jusque dans mes listes!

« Rentrer son ventre sur la bascule ne rend pas moins lourd. »

José Artur,
journaliste français

Viser plus en faisant moins

Avant d'entreprendre votre projet, faites d'abord cet exercice intellectuel, qui n'en est pas moins utile. Cernez vos bonnes et mauvaises habitudes dans le domaine de la santé et de l'alimentation. Pensez à votre apparence physique et à votre attitude idéales. Soyez précise dans vos désirs.

Ma santé: les bons côtés

Ma santé: les moins bons côtés

Ce que je désire

« Votre corps est le véhicule qui vous transporte. Vous n'en aurez pas d'autre ici-bas. Aimez-le, respectez-le, chérissez-le et traitez-le bien. Il vous le rendra au centuple. »

Suzy Prudden,
coach américaine

Des mots pour s'inspirer, pour réfléchir...

objectifs corps apparence allure santé perte poids maintien sport
exercice mode de vie énergique physique mince satisfaite
belle motivée bouger manger cuisiner changer apprécier

Mon objectif :

Imparfaite, mais efficace

La parfaite imperfection... j'y suis !

La crème...

Bougez et «sportez-vous» bien

La vie est remplie d'occasions de bouger, il suffit d'exercer un peu votre cerveau pour les trouver.

❑ **Faites le premier pas.** «Lève-toi et marche!» Cela ne tient pas du miracle, mais bien de votre volonté imparfaite, mais sûrement existante. Le premier pas est souvent le plus difficile. Alors, levez-vous pour une première minute d'exercice. Après chaque minute, vous aurez toujours le choix de cesser de bouger, mais le temps que vous y aurez mis ne sera pas vain. Parions que vous serez bien vite motivée à additionner les minutes qui feront la différence.

❑ **Visez petit.** Adaptez vos défis. Si vous êtes de type sédentaire, n'essayez pas du jour au lendemain de courir 10 km quatre fois par semaine. Lentement mais sûrement, ne serait-ce qu'avec 5 minutes d'exercices structurés par jour, vous vivrez des réussites encourageantes. Quand vous passerez à 10 minutes par jour, vous pourrez vous vanter de faire 2 fois plus d'exercices qu'avant. Madame Parfaite peut-elle en dire autant?

❑ **Soyez ingénieuse.** Intégrez l'exercice à votre routine. Faites une série de redressements assis le matin avant de savourer votre café. Levez quelques poids avant le dîner. Prévoyez 5 minutes de yoga athlétique avant d'entamer la période des devoirs (c'est toujours pratique de garder son calme). Allez-y d'une série de pompes avant de vous installer devant votre émission préférée. Mine de rien, ces quelques courtes routines feront vite la différence!

❑ **Activez-vous en famille.** Faites d'une pierre, deux coups: passez du temps de qualité avec votre marmaille et misez sur votre bien-être. Prenez des photos de vos exploits sportifs à bicyclette, en patins, à la piscine, au parc, au terrain de balle, à la plage ou même dans le cours de yoga parent-enfant (choisissez une pose qui vous met en valeur, quand même!). Affichez le tout à un endroit bien en vue. Plaisir et motivation garantis!

❑ **Faites du sport.** Devenez une sportive assidue (les sports de salon* ne comptent pas). Choisissez une activité sportive qui vous plaît vraiment et prenez rendez-vous avec vous-même chaque semaine. Seule, en groupe ou en équipe, si vous optez pour ce que vous aimez réellement, vous ne chercherez plus d'excuses pour vous défiler. Pensez-y: accorder du temps à une discipline sportive est un bien mince sacrifice si, en contrepartie, votre organisme combat rhumes et autres virus.

Moins d'inertie, plus d'énergie.
Plus de sports, moins de loisirs passifs

Marcher, un jeu d'enfant?

C'est fou comme on peut bouger dans une journée avec les enfants. Parfois, je fixe à la taille mon podomètre et je m'amuse à voir combien de pas j'ai effectués en 24 heures. On en conseille 10 000 par jour, 12 000 en perte de poids. J'essaie ensuite de battre mes propres records ou je tente d'estimer mon nombre de pas, d'un jour à l'autre. Les filles essaient aussi parfois mon podomètre. Elles se lancent des défis pour faire la plus longue course ou le maximum de sauts possible. Pourquoi pas?

de l'imperfection

Changer pour le mieux

Attitude et bonnes habitudes vont de pair en matière de santé. Un changement de perception permet de faire des choix santé payants... et de laisser de côté votre culpabilité ! Voici quelques principes zen à adopter pour être bien dans votre peau et avoir du plaisir à table.

❏ **Méfiez-vous des régimes.** Une diète entraîne souvent un rapport pervers avec la nourriture : on bannit les aliments qu'on aime, on ignore sa faim pourtant réelle, on perçoit ses écarts comme des échecs. Bref, on réunit toutes les conditions pour reprendre le poids perdu, car les rages de nourriture nous attendent au tournant. Soyez indulgente envers vous-même. Votre corps vous en remerciera.

❏ **Faites déborder votre assiette...** en la garnissant d'aliments qui contiennent beaucoup d'eau (fruits et légumes), d'aliments riches en fibres (fruits, légumes et grains entiers). Un plat bien rempli et coloré est agréable à l'œil, et pour la panse. Seul votre cerveau saura qu'il contient peu de calories. Mangez suffisamment pour maintenir votre taux de sucre, sans quoi cela pourrait influencer votre humeur. Toutes les défaites* sont bonnes, non ?

❏ **Allez à la « crème molle »...** au détriment des calories, des matières grasses et du sucre. Les yogourts* glacés et les sorbets constituent de belles douceurs. Privilégiez les petits formats de crème glacée, demandez qu'on la serve dans une coupe et optez pour la garniture de fruits. Voilà votre petit goût de sucré comblé, en toute tranquillité d'esprit.

❏ **Profitez du temps des fêtes et des barbecues estivaux...** en y allant mollo sur les entrées et les buffets de hors-d'œuvre. Légumes, bretzels, salsa* et dinde sont des choix moins caloriques que les quiches, les feuilletés, le guacamole et les pâtés. Adonnez-vous au plaisir des sets carrés* avec l'oncle Roger pour faire de la place en vue de la traditionnelle bûche, ou plongez dans la piscine pour mériter votre sandwich à la crème glacée*.

❏ **Trinquez à votre santé...** en consommant sans excès jus et boissons gazeuses, énergisantes ou alcoolisées. Les calories liquides peuvent facilement vous faire changer de dizaine sur votre pèse-personne, car elles sont absorbées rapidement. Consommées en trop grande quantité, elles peuvent augmenter les risques de certaines maladies (diabète, maladies du cœur, hypertension, obésité...). Optez pour le thé vert plutôt que le café, une tisane plutôt qu'un digestif, une eau pétillante plutôt qu'un apéritif, un vin rouge plutôt qu'une bière, quoique ce puisse être tentant... avec les enfants... certains jours.

Plus de modération, moins de culpabilité

Julie survit au temps des fêtes

Pendant les vacances de Noël, je suis imparfaite et fière de l'être, car je me défie de respecter trois résolutions :

1. Prendre un seul plat principal (remplir l'assiette s'il le faut, mais interdiction formelle de me resservir).

2. Manger un seul dessert par jour (il faut choisir le meilleur entre ceux offerts au dîner et au souper* !).

3. Dire non aux croustilles* et aux friandises (il suffit de résister à la première).

Vous savez ce qu'ils disent ? Ce n'est pas entre Noël et le jour de l'An qu'on prend du poids... mais entre le jour de l'An et Noël ! IEA ?

L'imperfection...

Bien manger

La santé passe par le plaisir de bien manger. Mangez avec plus de plaisir, plus de satisfaction, plus de variété. Profitez-en, c'est un des plaisirs de la vie.

❑ **Nourrissez votre plaisir de bien manger.** Abolissez les plats à base de «il-faudrait-bien-que-j'en-mange-c'est-bon-pour-la-santé». Si vous n'éprouvez pas de plaisir à manger une salade du chef sans vinaigrette et un poisson-vraiment-pas-gras-mais-très-oméga, rien ne vous y oblige. Il existe sûrement des mets santé qui ont le don d'exciter vos papilles tout en flattant votre taille.

❑ **Écoutez vos signaux de satiété.** Heureusement, plus personne ne vous oblige à finir votre assiette avant de passer au dessert. Il est d'ailleurs plus sage de prêter attention à nos signaux internes indiquant combien manger et quand nous sommes rassasiés. Il suffit simplement de manger lentement pour leur laisser le temps d'agir. C'est pourquoi on dit de prendre au moins 20 minutes pour déguster son repas. Si les remords face à tous ces enfants qui meurent de faim dans le monde vous poussent à tout avaler, réfrigérez vos restes. Vous serez bien contente d'avoir un *lunch** prêt sans autre effort que de lever le petit doigt pour démarrer le micro-ondes.

❑ **Relaxez.** Prenez le temps de vous asseoir à la table, de créer un climat agréable avec les personnes que vous aimez et de savourer un vrai repas constitué d'aliments que vous affectionnez. Percevez le repas du midi comme un moment de détente, afin de vous accorder une pause bien méritée. Équilibrez votre assiette pour assurer à votre corps tous les éléments nutritifs qui lui seront utiles pour refaire ses énergies.

❑ **Savourez.** Mangez plus lentement et mastiquez bien. Vous obtiendrez quatre résultats satisfaisants : vous apprécierez mieux les saveurs de vos plats, vous digérerez mieux, vous percevrez plus facilement vos signes de satiété, et vous aurez une excellente raison de demeurer à table plus longtemps que les enfants, moment ultime de tranquillité dans une journée.

❑ **Grignotez intelligemment.** Planifiez les collations* que vous prendrez dans la journée pour éviter que ne vous séduisent les calories vides qui vous interpellent chaque fois que vous entrez dans la cuisine. Variez vos goûters en grappillant dans les quatre groupes alimentaires. Intégrez aussi une protéine pour que ce soit plus soutenant, elles sont souvent oubliées. Enfin, ne «mangeottez» pas pour tromper l'ennui. Vous vous ennuyez avec vos enfants, vous ?

Moins de privation, plus de plaisir

Manger, quel bonheur !

Après des années d'entraînement, je suis maintenant imparfaite et fière de l'être, car j'accepte mon péché mignon. Je suis une amatrice inconditionnelle de croustilles*. J'ai eu beau essayer de ne pas en acheter ou de les cacher très loin dans le garde-manger, je me trouve toujours un prétexte pour succomber. Pendant longtemps, j'ai savouré mes croustilles avec un assaisonnement de culpabilité qui se traduisait en kilos bien réels sur le pèse-personne. Mais, j'ai découvert que déguster cette collation* en toute quiétude, sans un gramme de pensées négatives, avait un effet magique sur le pèse-personne. Maintenant, je mange mes croustilles sans remords. Après tout, elles sont faites à base de légumes, non ? IEA ?

Appréciez

La clé, c'est d'apprécier votre santé et votre apparence !

❑ **Faites la paix...** avec votre cellulite, vos vergetures, vos rondeurs, vos cheveux et votre taille. Bref, acceptez avec grâce tous ces petits défauts qui font de vous une mère imparfaite, mais si unique. Souvent, il suffit de se pardonner ses imperfections pour les voir fondre comme neige au soleil.

❑ **Appréciez votre beauté.** Déterminez également ce que vous aimez de votre apparence physique et mettez cela en valeur. Soyez narcissique à souhait : chaque fois que vous passerez devant la glace, vantez vos mérites. Les actrices d'Hollywood peuvent se rhabiller ; vous, au moins, n'êtes pas retouchée.

❑ **Appréciez votre santé.** Éprouvez de la gratitude pour votre santé. C'est un précieux cadeau. Même si vos enfants peuvent sembler causer vos premiers cheveux blancs, vos rides, vos poussées d'urticaire et vos fausses alertes de crise cardiaque, ils constituent surtout une magnifique raison de prendre soin de votre santé.

❑ **Visualisez.** Rien n'est plus puissant qu'une image précise accompagnée d'une émotion positive. Pour obtenir le corps, la condition physique et la santé dont vous rêvez, visualisez. Sentez la transformation de votre corps et félicitez-vous d'avance pour vos nouvelles courbes. Voyez déjà vos muscles se développer, votre respiration s'approfondir, votre endurance augmenter. Vous atteindrez vos objectifs beaucoup plus facilement.

❑ **Appréciez vos efforts.** Dans le domaine de la santé, les effets psychologiques sont immédiats : énergie, bien-être, détente et fierté sont aussitôt au rendez-vous. Toutefois, vos efforts prendront parfois du temps avant de donner des résultats physiques concrets, au grand dam de l'impatiente que vous êtes. Soyez fière de vos actions, même si votre corps idéal tarde à se dévoiler. Vos séries de redressements assis porteront fruit. Un jour, sans crier gare, vous pourrez voir se sculpter vos muscles et vous vous demanderez où est passé votre petit ventre... Parions que vous ne le regretterez nullement.

Plus de gratitude, moins de défauts

Néfastes, les pensées négatives

Quand on a la mauvaise habitude de se dénigrer, il est bien difficile de se débarrasser de ce faux pli. Une maman perfectionniste trouve toujours des raisons pour s'adonner à ce petit manège. Comme parent, vos gestes, votre attitude et vos paroles ont beaucoup d'influence sur vos enfants. Qu'elle en soit consciente ou non, Maman imparfaite modifie la façon dont sa fille perçoit son corps et son estime d'elle-même. Si vous rabaisser devant les autres ou dans le secret de vos pensées semble plus fort que vous, pensez à changer votre attitude pour le bien de vos enfants. Cela vous apprendra peut-être à ouvrir enfin les yeux sur vos véritables talents et qualités.

Confidences...

Le secret minceur de PapaZen

Lesquels de ces éléments ont le plus d'impact sur la santé d'un homme ?

A) La trentaine ;

B) La grossesse sympathique ;

C) Trois enfants en bas âge ;

D) Un bébé qui ne fait pas ses nuits ;

E) Les journées très remplies (à cause de C) ;

F) Les nuits entrecoupées (associées à D) ;

G) L'impossibilité de faire la sieste quand bon nous semble (à cause de C et D) ;

H) Une forme d'oubli de soi (attribuable à C) ;

I) Faire plus de sport de salon* (étant donné A, B, C et D).

Je pense qu'il ne sert à rien de chercher des raisons qui expliqueraient ces signes visibles de l'âge. Reprenons simplement en main ce corps qui manifeste des signes de fatigue. Mes options masculines pour brûler des calories ? Être heureux, rester positif, jouer avec les enfants et pratiquer le jogging. C'est ainsi que je fais la paix avec mes imperfections corporelles... Je suis à peu près certain que les acteurs d'Hollywood en font autant.

« Je me suis mis au régime : en quatorze jours, j'ai perdu deux semaines. »

Joe Lewis,
champion du monde américain de plein contact

Privilèges VIP de la mère imparfaite (Very Imperfect Person)

Offrez-vous le luxe...

- de vous donner le temps de perdre votre surpoids de grossesse (et de ne pas aborder ce sujet sans la présence de votre avocat) ;

- de ne pas aimer les légumes (et d'en faire manger à vos enfants) ;

- de manger du dessert (et d'attendre que les enfants soient couchés pour en prendre une plus grosse portion) ;

- d'avouer publiquement que le sport et vous ne faites pas bon ménage (et d'inscrire vos enfants à des activités sportives) ;

- de prendre le temps de faire le plein d'énergie avec une activité qui engage votre corps et votre esprit (et de ne pas penser que c'est une manifestation d'égoïsme) ;

- de vous brosser les dents avec le dentifrice de vos enfants (et de garder ce secret pour vous) ;

- de ne pas mettre de pile dans votre pèse-personne (ou de coller votre poids idéal à l'endroit qu'il faut).

La gourmandise, un vilain péché ?

S'il est un péché agréable à commettre, c'est bien celui de la gourmandise. Pratiqué avec modération, c'est un travers charmant comme tout. Et cette gourmandise est d'autant plus savoureuse, une fois la grossesse et l'allaitement terminés.

Pour vous faire plaisir, profitez de tous les aliments qui vous étaient jusqu'alors interdits ou peu recommandés : alcool, caféine, fruits de mer, sushis, fromage au lait cru, chocolat, et alouette ! Mettez au rancart vos multivitamines et votre tisane au tilleul ou aux feuilles de framboisier, vous n'en aurez plus besoin ! Faites fi du PPP de Michel Montignac : mangez pâtes, pain et pommes de terre à profusion. Pourquoi se passer de tels aliments, surtout si les enfants les adorent ? Bon appétit !

de mères imparfaites

Défi imparfait

Prenez une résolution importante : en finir avec l'obsession de minceur et de perte de poids.

Cette pression sociale est telle que, après la sempiternelle question : « Ton bébé fait-il ses nuits ? », suit irrémédiablement : « As-tu repris ton poids d'avant la grossesse ? ».

Cessez de...

• vous peser tous les jours ;

• faire de l'exercice par obligation et non par plaisir ;

• reporter l'achat de vêtements parce que vous n'habillez pas la taille souhaitée ;

• vous priver des aliments que vous aimez parce que vous vous sentez trop coupable ;

• refuser les compliments ;

• saliver devant les infopublicités qui présentent des crèmes miracles et des DVD d'exercices révolutionnaires.

Bref, surveillez les pensées que vous alimentez à l'égard de votre image corporelle. Ne vous critiquez pas vous-même ; il y a toujours quelqu'un, quelque part, pour s'en charger à votre place. Apprenez à apprécier votre corps : sans votre regard sévère, tout ira pour le mieux !

Cessez de vous comparer

Un petit tour des médias permet de constater que l'image de la femme demeure « parfaite ». Parfaite mise en plis, silhouette parfaite, jambes croisées et ventre dépourvus d'imparfaites textures, et maîtrise de soi (les mannequins n'ont pas encore d'enfants, semblerait-il). Difficile d'être indulgente envers soi-même lorsque de telles images circulent partout.

Si l'envie vous prend, comparez-vous donc à vous-même... Plus belle qu'hier, moins que demain. Sceptique ? Pensez à votre allure dans les années 80 pour vous en convaincre. Les cheveux crêpés, les leggins et le fluo, ça ne sied pas à tout le monde...

N'oubliez pas que

« C'est à trente ans
Que les femmes sont belles
Avant elles sont jolies
Après, ça dépend d'elles »

Jean-Pierre Ferland,
Auteur-compositeur-interprète québécois
Les femmes de trente ans

Belle au naturel !

Votre poids naturel (celui que votre corps maintient sans effort) n'est peut-être pas votre poids idéal. Que préférez-vous ? Vous battre sans cesse pour peser quelques kilos de moins ou manger normalement et conserver facilement votre poids naturel ? À vous de juger. Serait-il temps de trouver un compromis ?

La tempête...

Salut, Julie !

Ça va ? Moi, pas mal. En fait, je suis fière de moi. Je réussis, depuis 3 semaines, à intégrer le yoga à mon horaire. J'en fais 10 minutes avant de commencer à travailler, le matin. C'est peu, mais je préfère progresser lentement et vivre des réussites.

Je travaille aussi à me calmer. J'ai trouvé un truc plutôt farfelu dans un livre sur la vie simple. Quand j'ai des pensées négatives ou que je me sens énervée, je fais claquer un élastique sur mon poignet. Très béhavioriste, j'en conviens, mais je te jure que ça marche !

Au début, j'ai trouvé l'idée saugrenue, mais je me suis dit : « *Pourquoi pas ?* » Or, les résultats suivent, je suis moins énervée. Toi, toujours calme ?

Anik

Salut, Anik !

Tu me surprendras toujours avec tes idées originales ! Si ça marche, tant mieux !

De mon côté, comme à chaque début de grossesse, je suis plutôt verte et étourdie. Je suis en mode relax, tant au travail qu'à la maison. Morphée m'appelle de jour comme de nuit. Qui sait ? Ce mode de vie au ralenti inspirera peut-être futur Bébé à copier le modèle sans souci de PapaZen. À ce sujet, mon jovialiste de *chum** se paie ma pauvre gueule, car l'acupuncteur que je vois pour mettre K. O. mes nausées de grossesse me fait le point du « bon bébé ». À son dire, il dormira bien, mangera bien et sera doux comme un agneau. On peut espérer, non ?

N'empêche que je tiens bon et que je prends une journée à la fois. J'essaie d'aller à mon rythme et de tout faire calmement : un véritable exploit personnel. Voici trois de mes autres résolutions : roupiller aux heures de pointe, pour que le trafic ne m'exaspère pas ; imaginer, aussi souvent que possible, nos vacances d'été pour me motiver à passer au travers ; et ne pas laisser le travail empiéter sur ma vie.

De plus en plus souvent, j'essaie de prendre le temps de m'arrêter et de me demander si je peux en faire moins, au moment précis où je me pose la question. La réponse est souvent oui ! J'ai compris que pour empêcher les choses d'aller si vite, je dois d'abord les arrêter dans ma tête. Une fois mes pensées ralenties, mes gestes suivent la cadence.

Sur ces paroles prophétiques, je vais m'allonger sur le divan et laisser les petites mains expertes de mes filles m'inventer une coiffure originale. En ce moment, jouer à la coiffeuse figure en bonne position sur la liste de mes activités relaxantes préférées !

Julie

avant le calme

De: Julie

Envoyé: 2 mars 2009

À: Anik

Objet: Crises de mère, causes et solutions

Allô, Anik!

J'ai les trois enfants aujourd'hui. Pfft!

Je te le confirme, la patience ne vient pas avec l'expérience! Voici un palmarès de ce qui m'a fait perdre patience.

2 h 52: Frérot se réveille en pleurs. J'évalue la situation: quelques gorgées d'eau feraient-elles son bonheur ou lui faut-il un allaitement en bonne et due forme? Cause de la mauvaise humeur: réveil brutal et insomnie subséquente à une analyse trop poussée. Solution: mon fils est tout en rondeurs; il pourrait puiser un peu dans ses réserves pour dormir 9 heures en ligne, non?

10 h 23: PetiteSœur m'a fait tout un spectacle à la bibliothèque. Elle ne voulait rien entendre d'*Anatole, le petit âne qui voulait voler*, l'histoire de la semaine à l'heure du conte. Cause: *terrible two**. Solution: sourire gentiment à mes spectatrices.

11 h 30: Après avoir fait une énième flaque de lait sur autant de pyjamas propres, Frérot diffuse en «spray» sa purée de haricots verts sur mon T-shirt. Cause:???. Solution: le laisser en bedaine* pendant que j'enfile le dernier chandail* de ma penderie (les autres sont tous au lavage).

12 h 04: Altercation bruyante entre les deux aînées pour la couleur de leur assiette. Cause: les rivalités fraternelles et la préférence pour le rose sont inscrites dans les gènes. Solution: puisque le discours sur la faim dans le monde ne les atteint pas, je leur sers leur sandwich au jambon sur un essuie-tout.

Crois-moi: la sieste de l'après-midi était non négociable! Mon défi de la semaine prochaine: tenir bon jusqu'à 12 h 30!

Julie

De: Anik

Envoyé: 3 mars 2009

À: Julie

Objet: RE: Crises de mère, causes et solutions

Salut, Julie!

Mes sympathies. Je suis moi-même un assez bon sujet d'étude. D'ailleurs, je suis l'héroïne d'*Un bon exemple de patience: Anik racontée aux enfants*, un de ces fameux livres de la collection pour jeunes de Grolier.

Pour mon grand malheur, PapaRelax est pris dans un autre *rush* de fin de projet au travail. Hier, il est rentré vraiment très tard. Mes derniers grammes de patience avaient disparu. Je n'ai même pas fait souper* les filles: on a mangé du yogourt*, des biscuits soda*, du fromage, des fruits, et bu du lait; bref, une grosse collation*...

Je mérite aussi une médaille parce que j'ai poussé une série de jurons car mon chapeau brillait par son absence. Jurer comme une charretière en catimini, ça fait du bien. Essaie ça! J'ai mis la première tuque* qui m'est tombée sous la main et je suis allée marcher avec les filles pour décompresser.

Tout est bien qui finit bien!

Anik

La tendance...

Votre horoscope du jour selon l'astrologie aztèque. Signe du Roseau.

« Aujourd'hui, vos enfants seront de véritables monstres. Ils chercheront à vous faire perdre patience par tous les moyens. Si vous avez un bébé, attendez-vous à des coliques en fin de soirée.

« Selon le calendrier solaire, votre conjoint devrait rentrer en retard du travail. Les probabilités qu'il ait oublié la course que vous lui aviez demandée sont élevées. Des problèmes financiers sont à prévoir, car votre signe opte pour la direction ouest. Vérifiez vos placements si vous êtes en mesure de vous présenter à la banque pendant les heures d'ouverture. Vos tentatives de joindre le bureau d'un médecin de famille ont de fortes chances de se solder par un échec, surtout si la réceptionniste est sous le signe du Vent et que vous n'avez pas de médecin de famille. Conseil du jour : gardez votre calme et évitez les gens du signe du Singe, qui auront le chic pour vous énerver aujourd'hui. Vos numéros chanceux : 3, 1, 12, 13 et 5. »

Que vous croyiez ou non l'horoscope, vous êtes certainement médium à vos heures. La plupart des mamans tendent à prédire l'avenir : « Ne grimpe pas là, tu vas te casser le cou ! », « l'hiver commence, la petite va encore avoir le rhume ou une bronchiolite » (c'est ce que révèle la clairvoyance de ma belle-mère), « je risque de passer une nuit blanche, Bébé n'a pas bien bu avant le dodo ». Or, ces prédictions se révèlent souvent fausses, du moins nettement exagérées.

Que vous prédisiez les pires catastrophes ou que vous soyez plus réaliste dans l'art de la divination, il n'en demeure pas moins que la vie de maman réserve son lot de bonheurs, mais aussi d'irritants. Plus vous aurez d'enfants, plus vous augmenterez les probabilités de gagner à la loterie du stress et de l'inquiétude. Il est toutefois possible de pressentir autre chose : si vous arrivez à comprendre les numéros chanceux du Roseau, vous vous adapterez aux petits tracas de la vie, comme ce végétal se balance sous la force des éléments naturels.

Petit truc : modifiez vos nombres chanceux par la lettre de l'alphabet correspondante. Qu'obtenez-vous ?

Vous avez trouvé ? Eh oui, il faut cultiver le CALME pour bien profiter de la vie familiale. Évidemment, une semaine dans le Sud ou un forfait spa et détente apparaissent au haut du palmarès des façons de relaxer et de se calmer, mais d'autres moyens sont à votre portée, dans votre quotidien bien rempli.

est au calme plat

Une valeur sûre

(Avertissement : la lecture du premier paragraphe peut entraîner l'essoufflement. Inspirez avant de l'entreprendre.)

Se calmer, se détendre, relaxer... Facile à dire, moins facile à faire. Entre deux changements de couche, un rendez-vous à la clinique, le repas à concocter, la maison à nettoyer et à ranger, les enfants à divertir, le conjoint à chouchouter, les amis à fréquenter, l'entraînement pour perdre les derniers kilos de grossesse, les appels téléphoniques à faire, les appels de télémarketing à esquiver, l'entretien du véhicule et, potentiellement, la carrière à mener de front, comment trouver le temps de relaxer ? Comment jongler avec toutes ces tâches sans y perdre la raison ?

Investissez tout simplement dans le marché boursier de la relaxation. Chaque action coûte 5 minutes et vous rapporte des dividendes en patience et énergie. Mieux encore, plus vous investissez, plus le rendement à long terme devient important. Et pour faire un pied de nez magistral au contexte économique actuel, ces actions sont toujours à la hausse. Elles ne baissent que si vous cessez d'investir. Déposez-y sans tarder une petite partie de votre pécule de temps personnel. Les gains en capital bonheur seront immenses.

À celles qui vous diront que l'investissement n'en vaut pas le coût, présentez ces statistiques éloquentes.

- Investir dans la respiration profonde augmente de 58 % le calme intérieur et permet de mieux réagir aux situations de stress dans 92 % des cas, surtout quand votre enfant a renversé votre verre de vin rouge d'un cru 1995 sur votre nappe jaune pâle.

- L'acquisition d'actions de la compagnie JeNeFaisRien et associés diminue le stress de 67 % et augmente de 28 % le taux de réponses positives aux demandes d'enfants qui veulent écouter *Caillou** avec vous pour la 14e fois.

- Les dividendes de l'entreprise Méditation inc. offrent un rendement amélioré de 85 % pour bien établir vos priorités familiales, personnelles et professionnelles.

- Soixante-quatre pour cent des actionnaires de Yoga enr. voient leur souplesse de corps et d'esprit s'améliorer sensiblement, en particulier lorsque leur belle-mère se pointe à l'improviste pour passer la fin de semaine.

Qu'attendez-vous ? Investissez !

Ce que la mère imparfaite en moi en pense

«Imperfectionniste»...

L es listes servent à se simplifier l'existence et à alléger le quotidien. Elles permettent un temps d'arrêt nécessaire pour reprendre son souffle et refaire ses réserves d'énergie. Utilisez-les ici pour mieux discerner vos besoins et préférences en matière de calme et de relaxation.

Je raffole des listes. Et alors?

- ❑ mes activités de relaxation préférées ;
- ❑ la description détaillée d'un lieu où j'aimerais me retrouver pour me détendre et les moyens que je prendrai pour m'y réfugier mentalement chaque jour ;
- ❑ les activités de relaxation que je peux accomplir avec mon enfant ;
- ❑ ce qui me calme en cas d'émotion forte ;
- ❑ les éléments positifs que je peux visualiser et les sensations qui m'habitent alors ;
- ❑ ce que j'emporte sur mon île déserte ;
- ❑ les habitudes favorisant le calme que je pourrais acquérir et le moment idéal pour les intégrer dans ma routine ;
- ❑ la personne que j'aimerais être sur le plan spirituel ;
- ❑ les moments où je vis vraiment l'instant présent et ceux où je ne le vis pas ;
- ❑ mes musiques préférées pour la relaxation, le yoga ou la méditation ;
- ❑ mes enchaînements de yoga préférés ;
- ❑ les mouvements à effectuer lors d'un massage ;
- ❑ les activités auxquelles je pourrais m'adonner tous les jours sans jamais me lasser, tant elles me font du bien.

jusque dans mes listes!

« Le calme, la quiétude, sont choses qui
dépendent plus des dispositions intérieures
de l'esprit que des circonstances
extérieures et l'on peut les goûter même
au milieu d'une apparente agitation. »

Alexandra David-Néel,
exploratrice du Tibet et femme de lettres française

Viser plus en faisant moins

Voici le moment de réfléchir à votre aptitude au calme et à la relaxation. Êtes-vous en mesure de vous calmer facilement ? Arrivez-vous à relaxer régulièrement ? Sentez-vous que vous pourriez être plus calme ou que vous pourriez bénéficier de plus de périodes de relaxation ? Dans quelle mesure, et comment, souhaitez-vous être calme ?

Mon humeur calme :
les bons côtés

Mon humeur calme :
les moins bons côtés

Ce que je désire

« Le plus haut degré de la sagesse humaine est de savoir plier son caractère aux circonstances et se faire un intérieur calme en dépit des orages extérieurs. »

Daniel Defoe,
écrivain anglais, extrait de Robinson Crusoé

Des mots pour s'inspirer, pour réfléchir...

patience   temps   relaxation   enfants   respiration   conjoint   temps pour
moi   recul   dédramatiser   relaxer   me calmer   lâcher prise   me reposer
me ressourcer   sereine   calme   reposée   paisible   isolée   souriante

Mon objectif:

Imparfaite, mais efficace

La parfaite imperfection... j'y suis!

La crème...

À la rescousse de Maman imparfaite

Garder son calme en tout temps avec des enfants relève du miracle. Voici deux tactiques que j'ai mises en pratique.

- J'ai demandé à ma fille de me dire le mot «spaghetti» lorsqu'elle trouve que je m'emporte inutilement. Ce mot, hors contexte, me ramène habituellement à l'ordre. Si ce n'est pas le cas, je m'isole pour prendre du recul et respirer.

- «Pendant les 5 prochaines minutes, je serai d'un calme à toute épreuve.» Le seul fait d'exprimer clairement mon intention me permet, lentement mais sûrement, de devenir un brin plus experte en *Patience 101**.

Relaxer

La relaxation est un plaisir essentiel. Savourez-la à toutes les sauces, le plus souvent possible.

☐ **Relaxez en famille.** Vous êtes imparfaite au point de vénérer, chaque soir, le moment de mettre votre enfant au lit pour enfin avoir le temps de souffler un peu? Pourquoi ne pas faire d'une pierre deux coups en relaxant en famille? Pensez sans flafla: massage, yoga, exercices de respiration, visualisation, bain moussant, boisson chaude. Hum... Que ça sonne bien! Bercez-vous ou blottissez-vous l'un contre l'autre. Lisez une histoire ou donnez un massage facial en faisant le jeu d'inventer un maquillage farfelu. Sautez sur toutes les occasions de relaxer ensemble, vous pourrez ainsi passer du temps de qualité sans effort extravagant.

☐ **Apprenez.** Cours, DVD et sites Web, faites votre choix! Les activités et jeux de relaxation ont la cote présentement, pour vous ou pour le membre le plus grouillant de votre famille (à l'exclusion des animaux de compagnie). Qui sait si de petites visites à la librairie, à la bibliothèque ou sur le Web ne pourraient pas vous inspirer!

☐ **Habituez.** Intégrez la relaxation à votre routine familiale, avant le dodo, pour inviter au sommeil ou en vous réveillant le matin, pour démarrer la journée du bon pied. Habitué tôt à relaxer, votre enfant développera une belle aptitude au calme. Son éducatrice*, son enseignante et la mère du petit voisin vous feront des éloges que vous savourerez pleinement.

☐ **Écoutez.** Dessinez, faites des casse-tête (puzzles) et de la cuisine au son d'une musique zen afin d'habituer votre enfant aux bienfaits de la détente. Vous pourrez éventuellement écouter Joe Dassin ou tout autre chanteur classique français que votre futur adolescent récalcitrant n'aurait certes pas apprécié sans cette précoce initiation musicale.

☐ **Profitez des siestes.** Munissez-vous d'un moniteur pour vous faire dorer au soleil, lire ou jardiner pendant que Bébé roupille. Servez-vous un cocktail de fruits ou un bon bol de croustilles* à saveur de «non-culpabilité». Vous le méritez bien. Si vous craignez les répercussions de votre goûter sur votre corps d'athlète, une petite marche s'impose au grand plaisir de Junior.

☐ **Relaxez MAINTENANT.** Pensez à vous détendre aujourd'hui. N'attendez pas la prochaine fin de semaine, vos vacances ou votre retraite (dans le contexte économique actuel, elle pourrait bien se concrétiser en 2087, serez-vous encore des nôtres?). Considérez le repos comme une ressource libre, sans quoi vous risquez de passer la majeure partie de votre vie dans l'agitation, la nervosité et le stress.

Plus de détente, moins de stress

de l'imperfection

Développer des trésors de patience

Votre enfant teste votre patience afin de découvrir vos limites ? C'est à croire que les enfants échangent les meilleures «épreuves parentales» pour être absolument convaincus de disposer d'une bonne variété. «Ma maman est meilleure que la tienne. Na-na-na-nè-re!»

❏ **Prenez soin de vous.** Assurez-vous de bien dormir et d'avoir suffisamment d'énergie. Si vous êtes fatiguée, votre patience sera affectée. Faites de votre sommeil une priorité, quitte à promettre une soirée pyjama et à vous endormir pendant le film.

❏ **Ressourcez-vous.** Lorsque votre patience manque à l'appel, n'hésitez pas à décréter une pause syndicale afin de vous livrer à une activité qui vous plaît. La convention des mères imparfaites stipule que chaque maman y a droit (qui plus est, sans remords). Vous rechargerez ainsi vos batteries. Offrez une petite pause à Papa à son tour, pour le remercier d'avoir pris le relais lors de ce moment critique.

❏ **Respirez.** Souvent, quelques respirations profondes ramèneront votre calme. Avant de vous y mettre, un patois sympathique tel que : «ZUT DE FLÛTE !» (ou tout autre juron intérieur de votre choix) pourra contribuer à faire culminer la tension juste avant de la relâcher.

❏ **Disparaissez.** Retirez-vous si, seule avec les enfants, vous sentez ou savez que votre patience s'absentera pour la journée (style : «votre appel est important pour nous, veuillez rappeler plus tard...»). Généralement, rien de bon ne peut ressortir de vos interventions en de telles circonstances. Prenez alors quelques minutes pour vous calmer, quitte à rester un moment dans un stationnement pendant que Bébé hurle à s'époumoner dans la voiture, portes fermées (c'est vraiment bien insonorisé, ces petites bêtes-là !). Pleurer un bon coup dans votre chambre, la tête dans l'oreiller, procure le même effet salvateur.

❏ **Relativisez.** Avant de perdre patience une énième fois, développez le réflexe de vous demander si vous pestez pour un motif vraiment grave ou si votre emportement vaut le désagrément. Pensez à la guerre, à la crise économique ou pire, aux pauvres candidats éliminés des émissions de téléréalité. Devez-vous vraiment considérer ce qui arrive comme une atteinte personnelle ? On perd souvent patience à cause de peccadilles qui, prises individuellement, n'ont pourtant rien de bien vilain. Dédramatisez. Vous n'êtes pas à l'école de théâtre.

Plus de moments de tranquillité, moins d'impatience

Impatiente, moi?

Si la patience est un don du ciel, je ne l'ai pas eu. J'ai donc fondé le club des I. A. (Impatientes anonymes). Nous analysons ce qui nous fait perdre patience (ce sont souvent les mêmes éléments). Notre règle d'or : *«Changer ce qui peut l'être et accepter le reste, tout simplement !»*

J'arrive maintenant à accepter qu'il faille attendre chez la pédiatre et je profite du moment. Je respire maintenant mieux quand la dame qui occupe toute l'allée avec son panier d'épicerie* parcourt d'un air absorbé les notices nutritionnelles. Et je ne serre plus les poings quand je la rencontre à nouveau à la caisse et qu'elle vérifie ses billets de loterie. «Inspire. Expire.» Vive le lâcher-prise !

L'imperfection...

Vous calmer

Si vous sentez que la moutarde vous monte au nez, c'est probablement le temps de vous calmer. Est-ce de la vapeur qui s'échappe par vos oreilles ? Essayez l'une ou l'autre de ces idées.

❑ **Isolez-vous.** Instaurez une cure de relaxation chaque semaine (ou plus, si vous le pouvez). À ce moment, enfermez-vous au moins 30 minutes dans un lieu tranquille pour relaxer ou, mieux encore, ne rien faire. *« Si vous ne faites rien, faites-le bien ! »* est une maxime qui saura vous inspirer. Indiquez à votre entourage de ne vous déranger sous aucun prétexte : vous avez prévu une réunion importante avec vous-même.

❑ **Visualisez.** Aménagez mentalement un endroit où vous vous sentez parfaitement en paix. Vous seule en avez la clé et personne ne peut y entrer sans une autorisation dûment signée de votre main. Placez votre retraite dans une région géographique qui vous ressource (nous suggérons loin, très loin sur le globe). Décorez comme vous le désirez (parions qu'aucun jouet n'y traînera). Meublez pour relaxer à loisir (chaise longue, hamac, coussins : le ciel est votre limite !). Ajoutez des détails et prélassez-vous dans votre endroit secret lorsque vous aurez besoin de vous retrouver seule à seule.

❑ **Jouez.** Procurez-vous une balle antistress et pétrissez-la avec frénésie si vous en sentez le besoin. Mais vous pouvez aussi profiter des jouets de votre enfant pour relaxer. Construisez une tour de blocs, habillez des poupées, faites un casse-tête (ceux de plus de 100 morceaux ont un effet relaxant supérieur) ou encore du coloriage (les mandalas sont fameux). Ces activités ne nécessitant pas de réflexion intense, elles pourront vous calmer. Prise en flagrant délit de jeu ? Dites simplement que vous vérifiez l'état des pièces de chaque jouet.

❑ **Prenez conscience.** Pour vous calmer, observez la rapidité à laquelle vos pensées négatives peuvent s'emballer. Lorsque vous vous en rendez compte, apprenez à vous dire « STOP ! » ou recourez à toute expression qui vous calme comme : « fin de semaine en amoureux », « massage aux pierres chaudes » ou « un bon verre de vin ». Alliez la visualisation à la parole : effet relaxant garanti.

Plus de calme, moins de pensées négatives
Plus de tolérance, moins de pression

Les imperfections d'Anik

Ces derniers jours, j'ai été imparfaite et fière de l'être, parce que j'ai profité de plusieurs minutes de relaxation sans qu'il n'y paraisse. J'ai écouté *Les 2 minutes du peuple* dans l'auto avant d'entrer chercher les filles à la garderie. Aussi, je les ai installées devant un bon film pendant que je jouais à une console de jeux portative. Puis, je me suis enfermée dans la salle de bain en prétextant un urgent besoin et j'ai lu pendant une dizaine de minutes. Enfin, je leur ai fait croire que c'était l'heure de dormir 15 minutes plus tôt. Une mère relaxe quand elle peut. IEA ?

au quotidien

Simplifier

Si vos 1 001 besoins, tâches et envies vous empêchent de dormir la nuit et de profiter calmement de vos journées, vous connaissez la solution : faites moins !

❏ **Diminuez.** Soyez moins exigeante envers vous-même. Cela diminuera votre stress et vous aidera à être plus calme et posée. Rien ne sert de s'énerver quand la vie est simple. Faites votre description de tâches et refusez les heures supplémentaires offertes. Délimitez l'espace-temps qui vous appartient. Il est 20 h, on ferme et on relaxe !

❏ **Réfléchissez.** Chaque jour, mettez votre cerveau au défi de trouver des solutions créatives et inédites en vue de vous simplifier la vie. En plus de constituer un moment de relaxation, parce que vous réfléchirez sans rien faire d'autre, cette habitude favorisera votre calme devant les problèmes. *Le Penseur* de Rodin peut se rhabiller.

❏ **Cuisinez.** Ajoutez des oméga-3 à votre régime alimentaire pour adoucir le *baby blues*, ou pour améliorer votre humeur en général. Poissons et huiles vous apporteront facilement les doses nécessaires. Voilà une excellente raison d'obliger toute la famille à en manger ! Soyez indulgente, permettez toutefois la panure ou la sauce.

❏ **Choisissez.** Plutôt que d'effectuer 5 tâches à vive allure, pourquoi ne pas opter pour 4 en prenant le temps qu'il faut ? D'ailleurs, la cinquième tâche est-elle vraiment nécessaire ?

❏ **Souriez.** Le simple fait de sourire franchement sécrète des hormones qui vous empêchent d'être de mauvaise humeur. Avez-vous déjà essayé de perdre patience avec le sourire ? Difficile, non ? Organisez votre petite thérapie du sourire. Chaque fois que vous y pensez, souriez. Pour vous aider, placez un objet à portée de vue vous rappelant de sourire, chaque fois que vous y poserez les yeux. La fille d'Anik lui avait bricolé un cœur de 15 cm à mettre sur son porte-clés ; c'était assez difficile à manquer ! D'accord, cela vous occasionnera peut-être des rides d'expression, mais ça vaut le coup.

❏ **Souriez encore.** Au moment de perdre patience, imaginez que vous êtes la proie d'une caméra cachée. Imaginez votre déconfiture si cette vidéo était rendue publique au canal *TV-ÉMOTION*, ou pire, sur *YouTube*. Représentez-vous les réactions des téléspectateurs à la vue de cette mère imparfaite qui s'emporte pour un rien. Ne perdez pas la face devant cette caméra coquine et respirez.

Moins d'exigences, plus d'indulgence

Julie : passé, présent et futur

Mes pensées vagabondent souvent dans le passé et, surtout, dans le futur. Malheureusement, ce sont souvent des pensées empreintes d'inquiétude ou de regrets, ce qui ne m'aide en rien à vivre pleinement le moment présent. Quand j'en prends conscience, je me dis que demain arrivera bien assez vite et qu'hier est déjà derrière. S'il est bon pour le moral de revivre en pensée un souvenir joyeux ou de s'imaginer une réussite, il est plutôt inutile de vivre deux fois un événement qui occasionne du stress.
Une succession de moments présents heureux ? Pourquoi pas !

Confidences...

Mesdames, déculpabilisez-vous

Aucune femme ne peut prétendre qu'elle-même, son charmant conjoint ou son adorable progéniture atteindra la perfection absolue ou même s'en approchera.

À quoi bon vous exaspérer et perdre patience contre les petites manies des personnes vivant sous votre toit ? Ne gaspillez plus votre énergie de la sorte : soyez égoïste et gardez-la pour vous-même.

Trop occupés pour sourire?

« Les parents modernes doivent apprendre à se détendre et à s'amuser, savoir faire les fous avec leurs enfants. Si ces derniers fréquentent une garderie, leur journée sera probablement strictement délimitée et organisée. Or, l'enfant a besoin de se défouler au même titre que ses parents. »

Thomas Berry Brazelton,
« À ce soir... »
Concilier travail et vie de famille

« Chaque coup de colère est un coup de vieux, chaque sourire est un coup de jeune. »

Proverbe chinois

Privilèges VIP de la mère imparfaite
(Very Imperfect Person)

Sentez-vous en droit...

- de perdre patience, même pour des pacotilles ;
- de relaxer et d'en ressentir le besoin quotidien ;
- de vouloir la paix et le silence, surtout après une longue journée ;
- de vouloir être seule et tranquille, surtout quand vous vous êtes occupée de tout le monde pendant la journée ;
- de relaxer AVANT de faire vos tâches.

de mères imparfaites

Défi imparfait

Il suffit parfois de si peu pour se calmer ou se détendre. Quand vous avez perdu patience ou que vous êtes stressée, comptez à rebours de 10 à 0, en respirant à chaque nombre. Imaginez votre colère ou votre stress qui décolle, un peu comme une fusée, à zéro.

Méritez des points supplémentaires si vous réussissez alors à demander à vos enfants d'être plus calmes sans crier vous-même. Vous sentez-vous mieux ?

Forfait vacances tout inclus

« Félicitations ! Vous êtes l'heureuse gagnante du voyage de vos rêves. Choisissez, parmi les activités de votre choix, celles qui vous apporteront repos et détente. Commandez ce qui vous chante à notre buffet à volonté : plaisir et calme sont parmi les spécialités du chef. Préparez votre valise, le départ est prévu pour aujourd'hui. »

Pourquoi se dire qu'on se détendra plus tard, dans un hamac aux prochaines vacances ou, encore pire, à la retraite quand vous avez tout ce qu'il faut pour profiter d'une vie paisible ici et maintenant ?

Dans le fond...

On se laisse emporter par la colère à la maison plus que partout ailleurs. C'est dommage, car ce sont les personnes qu'on apprécie le plus qui subissent ces soubresauts d'humeur.

Est-ce important de s'impatienter parce qu'un verre a été renversé, de sermonner en raison d'une dispute pour un nounours ou de bougonner parce que la salle de jeu a toutes les apparences d'un cambriolage ?

Pour vous motiver à être plus légère et détendue, imaginez votre enfant devenu adulte, en larmes devant sa thérapeute : « Chez nous, personne ne souriait jamais... »

Quand PapaZen s'emporte

Qui dit « ajout de responsabilités dans une vie » dit « risque de s'emporter plus facilement ». Les clés pour éviter de « pogner les nerfs* » ? J'en ai trouvé deux.

La première, apprendre à me méfier de moi-même... En effet, je me rends compte qu'il est parfois si facile de déverser tout son fiel sur ceux qu'on aime le plus. C'est INJUSTE ! Et je dois m'en rendre compte. La solution ? Être bien branché sur mes émotions, car il n'y a rien de pire que de refouler un inconfort. Bien souvent, comme on dit, ça sort mal par la suite...

La deuxième, me faire un devoir d'oublier les obligations aussi souvent que possible, de faire comme si elles n'existaient pas. Je suis alors tout disposé à passer du temps de qualité avec les enfants ou ma blonde*. Honnêtement, je pense que ces instants hors des obligations de la vie me procurent un calme que je retrouve trop peu souvent. C'est simple : pour être calme, il me suffit de me mettre en mode plaisir.

« Tu peux, à l'heure que tu veux, te retirer en toi-même. Nulle retraite n'est plus tranquille ni moins troublée pour l'homme que celle qu'il trouve en son âme. »

Marc Aurèle,
empereur romain

Prendre rendez-vous...

De : Anik

Envoyé : 7 mai 2009

À : Julie

Objet : La complainte, un air connu

Salut, Julie !

« Ça vaudrait la peine
De laisser ceux qu'on aime
Pour aller se reposer
Verres solaires sur le nez »...

C'est ce que je fredonne pour tenir le coup car – misère ! – notre éducatrice* a pris congé cette semaine. Comment survivre à cette onde de choc quand, en plus du train-train quotidien, on a des travaux de rédaction à terminer et une fête d'enfants à organiser ?

J'ai pris les grands moyens et je suis entrée en période dite « de rush », soit l'élimination totale de tout ce qui ressemble de près ou de loin à du temps pour moi jusqu'à ce que j'aie réussi à passer au travers. Gâteau, sacs à surprises, cadeaux. *Name it.* J'ai tout fait. Mais pas un seul petit moment pour moi.

Même si je m'astreins toujours à ce régime militaire quand j'ai l'impression que je n'arriverai jamais à tout boucler, j'espère toujours naïvement que PapaRelax emboîtera le pas pour m'accompagner dans cette période où le renoncement à soi-même lui fait cruellement défaut.

J'ai ravalé ma déception hier en le voyant partir au karaté, me disant qu'un corps d'acier est tout de même nettement joli... Mais j'ai déchanté, à son retour, quand je l'ai vu s'asseoir à l'ordinateur pour décompresser. Une pause du karaté ! Une pause entre deux loisirs, voilà une philosophie tout à fait masculine qui me renverse, surtout quand j'ai la broue dans le toupet* !

Je suis allée bricoler une douzaine de chapeaux de fête en fulminant. Comment arriver à faire passer mon temps personnel en tête des priorités quand mon sens des responsabilités parle si fort ?

Anik

De : Julie

Envoyé : 8 mai 2009

À : Anik

Objet : RE : La complainte, un air connu

Ouch ! Anik !

Dis-toi qu'une maman, qu'elle soit au Mexique ou en Alaska, « ça ferait rire les enfants, ça durerait pas bien longtemps » !

À ta question existentielle, voici une réponse plutôt pratique. De mon côté, je me paie d'abord ! Puisque les conditions idéales ne sont jamais réunies, j'ai pris le parti d'amorcer mes journées par un projet qui me branche : écrire, marcher, faire de l'exercice, lire. Si j'attends une accalmie dans le tourbillon de ma vie familiale et professionnelle pour m'adonner à mes projets personnels, je ne trouverai jamais le temps (et l'énergie) de le faire. As-tu remarqué que le temps auquel on renonce chaque jour est consacré aux besoins des autres et n'a rien à voir avec nos propres désirs ?

La sagesse commence à rentrer, ma chère !

Julie

avec soi-même

De: Anik
Envoyé: 15 juillet 2009
À: Julie

Objet: Vive les vacances!

Salut, Julie!

Comment vas-tu? Moi, vraiment bien! Je pense avoir pris la meilleure résolution de ma vie.

Je ne savais pas trop comment organiser nos vacances cet été car, en qualité de travailleuse autonome, il est difficile de planifier un vrai congé.

Alors, j'ai décidé de tirer profit de cette situation pour développer mes tendances fainéantes: chaque jour, je prends du temps pour MOI, quitte à aller reconduire les filles à la garderie pour mieux en profiter. Je me baigne, fais la sieste et lis, j'écris, je fais du sport et jardine. Bref, je profite d'une quantité phénoménale de temps à moi, comme jamais auparavant.

Tu devrais essayer cela. Après tout, pourquoi travailler en rêvant à ses vacances quand on peut décrocher et relaxer ici et maintenant?

Anik

De: Julie
Envoyé: 16 juillet 2009
À: Anik

Objet: RE: Vive les vacances!

Salut, Anik!

Contente de savoir que tu te plais avec cette nouvelle philosophie! C'est une très bonne idée!

Comme tu le sais, je prends ton courriel depuis la Normandie, où je passe 12 jours de rêve en compagnie de PapaZen. C'est la première fois qu'on part tous les deux depuis la naissance de GrandeSœur. Crois-moi, nous en avions réellement besoin!

J'ai beau me dire que c'est sain pour un couple de se retrouver, que c'est profitable pour les enfants de passer du temps avec leurs grands-parents... Il reste que c'est encore tabou de partir s'amuser alors qu'on devrait être à la maison en train de remplir et de vider la pataugeuse*, et de préparer des hot-dogs sur le barbecue. Je ne suis pas encore médaillée dans le domaine de l'imperfection.

Pour effacer cette ombre de culpabilité, je fais le plein de belles images qui me ressourceront lors de mes moments de relaxation... Au sommet du palmarès: la paix qui règne dans les vieilles cathédrales. Je me dis qu'il serait chouette d'y préparer les repas du soir tellement le climat silencieux tranche sur l'agitation de ma propre cuisine!

Tout de même, ça fait du bien de quitter cette petite vie douillette, construite avec amour (et un brin d'impatience), pour se rappeler qui on était avant d'être parents. Personnellement, je me sens d'attaque pour retourner à notre routine. Il me semble que je trouverai désormais attendrissant que Frérot multiplie les prouesses dignes du Cirque du Soleil quand je change sa couche, que PetiteSœur pique une crise jusqu'à lancer la robe qu'elle porte sur le plancher et que GrandeSœur choisisse encore *Cendrillon* pour la « soirée cinéma pyjama » du samedi soir.

Julie,

qui se demande si Frérot a été imparfait au point de voir percer sa première dent chez ses grands-parents...

Pour toi...

« Chère Maman,

Pour la fête des Mères, Papa et moi avons pensé t'offrir une semaine complète de temps, comme tu le mérites. Nous t'aimons fort.

Papa, Fiston, Bébé et Fido

P.-S. : Pour que tu aies quelque chose à déballer, nous t'avons aussi offert un logiciel.

P.-P.-S. : Pour être certain que tout aille bien pendant ton absence, j'ai préparé cette liste. Pourrais-tu t'en charger avant ton départ ? »

8) Papa mélange nos vêtements. Voudrais-tu les laver et les plier, s.v.p. ? Ils sentent tellement bon quand tu les suspends sur la corde.

14) Il manque plusieurs pièces dans nos jeux. Voudrais-tu nous aider à les retrouver pour qu'on ne s'ennuie pas pendant que tu seras partie ?

32) J'ai peur d'aller chez le dentiste et Fido a une haleine de cheval. Voudrais-tu nous passer la soie dentaire ?

45) J'aimerais que tu nous lises une histoire chaque soir avant de partir, en modifiant ta voix à chaque personnage.

57) Voudrais-tu m'aider à faire ce devoir dont je ne comprends pas les consignes ? Si ce n'est pas plus clair pour toi, madame Marie nous a donné son courriel pour qu'on lui pose des questions.

71) N'oublie pas de payer tous les comptes. Tu auras la conscience tranquille, car ils ne viendront pas à échéance pendant que tu seras sur la plage. Garde le sourire, Maman chérie, car je sais que tu n'aimes pas les frais d'administration.

83) S.v.p. rédige la liste d'épicerie* en t'assurant de mettre tous les détails, sans quoi Papa ne ramènera pas tout ce que tu as indiqué. Si c'est beau, tu n'auras pas besoin de faire le numéro 84.

84) vOn pourrait aller chercher ensemble ce qui manque à l'épicerie*. Je promets de ne pas demander de friandises.

96) N'oublie pas de prendre un rendez-vous avec le médecin pour Bébé. Si tu obtiens la ligne en moins d'une heure, tu n'auras pas besoin de faire le numéro 97.

97) Présente-toi à la clinique pour prendre le rendez-vous de Bébé avant de passer me prendre à l'école.

100) Pense à acheter des cadeaux de fête des Mères (pour toi, Mamie et Grand-Maman).

Bon voyage, Maman! Pense à toi, c'est important.
XXX

maman

Félicitations ! Vous vous êtes procuré le logiciel Nouveau-né. Malgré un long téléchargement (neuf mois), il vous apportera beaucoup de plaisir. Toutefois, il tend à utiliser beaucoup d'espace sur votre disque dur et est souvent très exigeant pour le système.

Nouveau-né est un système d'exploitation complet qu'on ne peut désinstaller. Or, il se peut qu'il soit incompatible avec certains de vos logiciels, dont Temps pour soi. Heureusement, les inconvénients mentionnés ne durent pas plus de quelques années. Dans ce contexte, si vous souhaitez que Temps pour soi demeure couvert par la garantie et fonctionnel, assurez-vous :

– de ne pas lancer en parallèle les deux logiciels. Fermez donc le logiciel Nouveau-né lorsque vous prévoyez utiliser Temps pour soi, en particulier après 20 h ou dans l'après-midi. Vous pouvez aussi installer le plugiciel papa.exe au cas où le logiciel Nouveau-né se remettrait à fonctionner par automatisme. Ce plugiciel s'assurera de remettre en état de veille Nouveau-né

– de transférer le logiciel sur l'ordinateur paternel de temps à autre, afin de libérer la carte mère

– de télécharger les extensions du logiciel Nouveau-né qui vous permettront de maximiser les fonctionnalités de Temps pour soi telles que petitegardienne.zip et garderie2.0

– d'installer les mises à jour additionnelles vacancesenfamille.exe, promenadeenpleinair.txt, et coursfamilial.zip, pour une utilisation conjointe de Temps pour soi et Nouveau-né aux résultats satisfaisants.

Si vous suivez ces instructions, vous devriez être en mesure d'utiliser Temps pour soi sans appuyer excessivement sur la touche SUPPRIMER ou la fonction FORCER À QUITTER. En effet, cela pourrait causer des dommages irréversibles dans le système.

Notez que ce logiciel nécessite une utilisation quotidienne pour donner le meilleur rendement. De plus, selon la fréquence indiquée, il permet à l'ordinateur de recharger sa batterie plus facilement et à la carte mère d'assurer ses nombreuses fonctions avec efficacité.

Bien qu'une utilisation fréquente de Temps pour soi puisse entraîner l'apparition du virus Culpabilité, il est conseillé d'effectuer des blitz d'utilisation. Par exemple, laissez rouler le logiciel pendant une fin de semaine. Dans ce cas, n'oubliez pas d'installer grandsparents.exe.

N'hésitez pas à contacter l'assistance technique au 1-800-LOI-SIRS.

Ce que la mère imparfaite en moi en pense

«Imperfectionniste»...

Que diriez-vous de prendre un rendez-vous avec vous-même ? Les listes permettent de redécouvrir qui nous sommes vraiment, d'aller au plus profond de nous-mêmes et de nous consacrer le temps que nous méritons. Un moment d'intense bonheur souhaité par toutes les mamans !

Je raffole des listes. Et alors?

❑ mes 100 petits plaisirs seule à seule et les activités amusantes que j'aime accomplir (à relire si je me tourne les pouces) ;

❑ les moments que je m'accorde et les sentiments que je ressens alors ;

❑ les activités dans lesquelles je me sens épanouie et celles qui me donnent de l'énergie ;

❑ ce dont j'ai besoin maintenant pour être une meilleure maman et les façons de répondre à ces besoins ;

❑ les raisons pour lesquelles mon temps personnel m'est bénéfique ainsi qu'à ma famille ;

❑ les nouvelles activités que j'aimerais essayer si je disposais de plus de temps ;

❑ des façons d'avoir plus de temps libre ;

❑ ce que j'aurais aimé faire pour moi aujourd'hui et les raisons pour lesquelles je n'y ai pas mis le temps qu'il fallait ;

❑ les activités inutiles qui me font perdre du temps personnel ;

❑ des idées pour concilier le temps personnel et le temps familial ;

❑ les activités qui composeraient mes sorties idéales ;

❑ comment je peux prendre du temps pour moi (si j'ai 5 minutes, 15 minutes, une heure ou une soirée).

jusque dans mes listes !

> « Par la solitude on s'évade quelquefois et parfois aussi on se retrouve. »
>
> **Paul Javor,**
> *Sa raison de vivre*

Viser plus en faisant moins

Êtes-vous satisfaite de votre façon d'occuper votre temps disponible ? En avez-vous suffisamment ? Prenez un moment pour voir ce qui va bien et ce qui reste à améliorer. Quelle est votre vision idéale d'une journée qui présente assez de temps pour vous ? Décrivez-la en détail.

Mon temps personnel :
les bons côtés

Mon temps personnel :
les moins bons côtés

Ce que je désire

« Les enfants peuvent nous apprendre à profiter du temps qui passe plutôt qu'à regretter le temps qu'il fait. »

Christiane Collange,
journaliste française

Mon objectif:

Imparfaite, mais efficace

La parfaite imperfection... j'y suis!

La crème...

Créer

Pour disposer de temps, il ne faut pas s'attendre à ce que des minutes de temps libre apparaissent comme par magie. Vous devez créer des occasions.

❏ **Dormez.** Quel plaisir que de se prélasser au lit ! Avec des enfants, cela devient une entreprise quasi impossible, sauf si vous savez alterner les matins de paresse avec Papa. Selon un horaire qui vous arrange, pourquoi ne pas rester au lit alors qu'il s'occupe des enfants ? Au pire, si Papa est imparfait au naturel, vos enfants mangeront des céréales sèches ou une tranche de pain, accompagnées d'un verre de jus hyper sucré. Au mieux, Papa se découvrira un talent pour les crêpes et le pain doré*… dont vous pourrez aussi profiter !

❏ **Prenez congé.** (Note : cachez cette astuce si vous soupçonnez qu'on lit par-dessus votre épaule, idéalement avec une revue digne d'être lue par une mère.) L'idée est simple, mais plusieurs d'entre vous n'ont sans doute jamais osé la mettre à exécution. Prenez congé de votre travail. Pas pour faire du ménage ou pour permettre à vos trésors de paresser avec vous. Non : pour profiter de cette occasion unique pour vous ressourcer. Restez en pyjama toute la journée si cela vous chante, et ne vous habillez qu'avant le retour de votre marmaille pour qu'on croie que vous avez été affairée toute la journée. Laissez-vous aller à vos élans créatifs et imparfaits : magasinage*, lecture, cinéma ou même le golf. Ne connaissez-vous pas des messieurs qui en font autant ?

❏ **Déléguez.** Apprenez à demander de l'aide pour effectuer les tâches susceptibles d'empiéter sur vos temps libres. Faites garder vos petits écureuils de temps à autre (demandez à Papi et Mamie avec le sourire, même si vous savez qu'ils rempliront de bonbons les bajoues de leurs chéris). Partagez, avec votre douce moitié, les petites et grandes besognes qui vous pèsent (il est toujours de bon ton de demander galamment). Engagez une femme de ménage (même en demandant gentiment, un chéquier est nécessaire).

❏ **Raccourcissez.** Faites en sorte que les moments qui entravent vos temps libres subissent une cure minceur. Par exemple, laissez vos enfants se servir leur collation* parmi celles au choix du chef ou pigez au hasard pour résoudre une de leurs disputes. Décidez si le numéro qui apparaît sur l'afficheur mérite que vous y répondiez et laissez votre homme faire les appels nécessaires au bon fonctionnement de la maisonnée. Profitez de ce temps qui vous appartient.

Plus de créativité, moins de temps en solitaire perdu

Julie prend du temps pour elle... autrement

Il m'arrivait d'être déçue de ne pas avoir trouvé 60 minutes nécessaires pour écouter le dernier épisode de ma télésérie* préférée, une demi-heure pour lire mon roman ou 90 minutes pour mettre la touche finale au chapitre du livre qui vous occupe. Où ai-je trouvé ces minutes essentielles aux projets qui me font plaisir ? J'ai simplement scindé mes activités et je m'y adonne quand j'ai du temps libre. À bien y réfléchir, c'est plutôt rare que je dispose d'une plage horaire ininterrompue de 2 heures, mais j'arrive plutôt facilement à trouver 12 plages de 10 minutes !

Il s'agit de voir le temps libre autrement et de l'utiliser astucieusement.

de l'imperfection

Disparaître

Rien de mieux que de s'absenter pour profiter de temps personnel. Éclipsez-vous en douce…

❑ **Devenez un fantôme.** Une fois par semaine, personne ne pourra vous voir ni même vous parler, même si vous êtes à la maison : ce sera votre soirée-fantôme. Employez cette métaphore pour faire comprendre aux enfants combien votre temps personnel est précieux. S'ils ne veulent pas avoir affaire à un mauvais esprit épouvantablement impatient, ils ont tout intérêt à laisser votre fantôme tranquille.

❑ **Mettez les voiles.** Ponctuellement, quittez le nid familial pour une fin de semaine exclusivement allouée à votre temps personnel. Spa, forfait gourmand, excursion en vélo : toutes les idées sont bonnes pour faire le plein d'énergie. Vous pouvez même passer vos deux jours à laisser votre mère vous gâter ou à «squatter» chez votre amie célibataire et sans enfant, pour des moments de paix mémorables. Résistez à la tentation de voir aux moindres détails de la vie familiale pendant votre absence, ce serait contradictoire au message que vous désirez faire passer en partant seule loin de tout. Abstenez-vous donc de cuisiner des plats prêts à réchauffer, de ranger une quantité industrielle de vêtements propres et de faire 1 001 recommandations avant de partir ! Les enfants apprécieront le rythme plus relaxant que risque d'adopter Papa.

❑ **Évadez-vous (mentalement, du moins).** Considérez la méditation, la relaxation et la marche (ou toute autre activité qui vous passionne) comme des activités pour améliorer votre humeur et votre santé. Par ricochet, ce sera bénéfique au bien-être de tous, qu'ils aient 7 mois, 7 ans ou mesurent 1 mètre 77. Voici un message subliminal : il ne s'agit pas de temps volé à votre famille et ce n'est pas une manifestation d'égoïsme… Il ne s'agit pas de temps volé à votre famille et ce n'est pas une manifestation d'égoïsme…

❑ **Fermez à double tour.** Si ce n'est pas déjà fait, munissez vos portes (salle de bain, chambre et bureau) de poignées qui se verrouillent. En cas de besoin, vous pourrez ainsi vous retirer dans ces pièces pour quelques minutes de solitude tout à fait méritées. Avec une trousse de survie bien conçue (livres, sudokus, mots croisés, soins de beauté et collations* chocolatées), vous pourrez y demeurer un peu plus longtemps.

Moins de moments de présence, plus de solitude

Priorités pour les nulles, selon Anik

Penser à soi d'abord pour être plus disponible pour les enfants

Je suis imparfaite et fière de l'être, car j'apprends de plus en plus à penser à moi. En effet, comme mes petites chéries ont d'innombrables besoins à combler (un peu d'amour, de l'eau fraîche, des divertissements et… des vêtements à laver !), ce contrat pourrait s'étendre sur deux décennies. Je préfère leur donner l'image d'une mère qui sait prendre du temps pour elle plutôt que celle d'une sainte vouée aux besoins de toute la famille. Et parfois, je préfère être une mère physiquement absente plutôt que d'être là, mais non disponible. IEA ?

L'imperfection...

Varier

Ne vous limitez pas à une ou deux activités de temps personnel. Variez les plaisirs, mais surtout les arguments pour vous adonner à ces activités sans un gramme de culpabilité. Voici quelques astuces pour convaincre Monsieur que lui ou votre famille sont vos principales motivations d'action.

❏ **Relaxez.** «Chéri, je vais aller me faire masser. Cela devrait régler ce mal de dos qui m'empêche de passer l'aspirateur.» «Minou*, je vais passer l'après-midi au spa. Cela devrait remonter mon taux de patience, j'en ai bien besoin. Je vais commander un repas au restaurant en revenant, tu n'as pas besoin de faire à souper*…»

❏ **Apprenez.** «Chéri, je me suis inscrite à des cours de cuisine gastronomique. Tu pourras goûter à tous mes nouveaux essais… Et qui sait, je trouverai peut-être la façon de faire manger des légumes aux enfants!» «Pitou, je me suis inscrite à un cours de poterie. Ça fera de super cadeaux pour Noël, tu n'auras pas à te taper le magasinage*. En plus, je pourrai peut-être te laisser en faire avec moi, comme dans *Mon fantôme d'amour*».

❏ **Bougez.** «Chéri, je me suis inscrite à un cours d'aérobie, tous les mercredis soir. Ça tombe à l'heure où il faut coucher les enfants, mais tu seras bien content de mon corps de déesse dans quelques mois.» «Mon lapin, je vais suivre un cours de tennis. Tu devrais voir la petite jupe que j'ai achetée pour le cours… On pourra bientôt jouer ensemble!»

❏ **Soignez.** «Chéri, j'ai un rendez-vous chez le coiffeur. Je vais être jolie pour t'accompagner à ton *party* de bureau*.» «Mon loup, j'ai pris un rendez-vous chez l'esthéticienne pour un massage facial et une épilation. Je vais pouvoir ressortir le bikini rose que tu aimes tant.»

❏ **Végétez.** «Chéri, je dois absolument écouter ce téléroman*, ta mère me l'a tellement vanté. Ce serait une honte de ne pas y jeter un œil afin de lui en parler au prochain souper* familial.»

Plus d'arguments, moins de culpabilité

Priorités pour les nulles, selon Anik

Penser à soi d'abord pour mieux exploiter les moments de couple

Quand les enfants sont enfin couchés, il serait tentant de consacrer ce temps exclusivement au couple. Soirées torrides ou discussions enflammées pourraient m'attendre, mais j'avoue qu'un bain chaud, une fascinante lecture ou un téléroman* typiquement féminin m'interpellent souvent davantage. Et après m'être rassasiée de ce temps vraiment personnel, je suis beaucoup plus disponible pour du temps de couple. Mon mari et moi nous donnons carrément rendez-vous à une heure précise, et nous terminons la soirée ensemble. De cette façon, famille, temps personnel et temps de couple s'intègrent à l'horaire quotidien.

au quotidien

Concilier

Gestion et conciliation ne riment pas par hasard. Afin de maximiser votre temps personnel, il serait sage de l'associer subtilement à d'autres activités.

❑ **Conciliez temps pour soi et pour les enfants.** Profitez d'une sortie à la plage pour vous prélasser au soleil (c'est fou ce que de mauvaises nuits de sommeil peuvent affadir un teint). Profitez des cours de vos enfants pour faire une marche plutôt que d'épier leurs exploits dans le minuscule coin de fenêtre entre 15 parents (à un certain âge, ils vous en seront même reconnaissants). Profitez des animations pour enfants à la bibliothèque pour dévorer un bon roman.

❑ **Conciliez temps pour soi et pour le couple.** En théorie, ce devrait être relativement facile. Quels sont vos intérêts communs? Gastronomie, spectacles, activités en plein air, escapades romantiques? Prévoyez des moments pour «prendre votre pied» à deux et vous redécouvrir un peu.

❑ **Conciliez temps pour soi et travail.** Cela ne signifie pas devenir accro du travail, mais y (re)trouver son compte. Le *nec plus ultra*? Le télétravail ou le travail à trois ou quatre jours par semaine. Sinon, voici quelques autres suggestions. Fraternisez en sortant dîner ou marcher avec vos collègues. À l'heure du *lunch**, participez à des sports d'équipe ou aux cours de yoga de votre entreprise. Profitez de vos pauses pour naviguer sur le Web, lire ou jouer des tours pendables à vos pairs. Optimisez les moments de transport pour prendre du temps pour vous. Visez léger en visualisant la famille idéale tout au long du trajet ou en notant ce qui vous chante dans un carnet. Visez un peu plus grand en laissant subtilement la page de ce livre ouverte et en surlignant vos suggestions de cadeaux préférés (un bon roman format poche, un livre audio, un mini-ordinateur portable, un lecteur DVD portatif ou une console vidéo). Enfin, vous pouvez aussi simuler des heures supplémentaires, de temps à autre, et utiliser ce prétexte pour aller prendre un café en solitaire ou magasiner après le boulot. Vous vous sentez coupable? Achetez une surprise à Papa ou rapportez un dessert qui sera certainement apprécié afin d'alléger la routine des devoirs, du repas et du bain.

Plus de 2 pour 1, moins de temps perdu

Autres priorités pour les nulles, selon Julie
Penser à soi d'abord pour mieux travailler

Mère, conjointe et professionnelle modèle? Cela en fait beaucoup. J'ai donc pris la décision de ne plus me donner à 150% au travail, comme je le faisais avant d'avoir des enfants. Je me sens parfois coupable de ne travailler que trois ou quatre jours par semaine alors qu'il y a tant à faire et de briller par mon absence à certaines activités en dehors de l'horaire régulier. Avec trois enfants, je considère plus important l'équilibre entre toutes les sphères de ma vie. À ma décharge (ces lignes sont écrites pour mon patron), j'ai remarqué que, même en allouant moins de temps au travail, je deviens plus efficace pendant les moments qui y sont attribués. Dommage que ma convention ne prévoit pas de prime pour les employées menant une vie plus harmonieuse.

Confidences...

Défi imparfait

Devenez mathématicienne en tentant d'augmenter la quantité de temps à votre disposition chaque jour.

Vous avez deux options :

– renoncer aux activités peu importantes ou dissociées de vos objectifs

– faire de la place pour les activités qui comptent réellement pour vous.

Faites un remue-méninge et voyez comment vous pourriez modifier votre routine dans le but de disposer de plus de temps pour vous.

« S'il est une chose qui fait rêver les femmes qui élèvent des enfants, c'est d'être seules, dix minutes, sans que personne n'ait à attendre quoi que ce soit d'elles ! »

Dr Ron Taffel,
Maman a raison, papa n'a pas tort...
Comment éduquer vos enfants sans vous quereller

« La mère ne devient jamais négligente pour avoir trop pris soin d'elle, mais plutôt lorsqu'elle est incapable de prendre soin d'elle-même. »

Sylvie Modérie,
sexologue québécoise

PapaZen fait l'école buissonnière

Par un beau matin de printemps, je me réveille. Il fait beau, trop beau. Je décide de prendre une journée de congé incognito. Appel à mon employeur : « Je ne peux pas être là aujourd'hui. Je devrais aller mieux demain. » Appelons cela un congé de maladie préventif... Je vais reconduire les enfants à la garderie ou à l'école. Ils ne savent rien de la terrible « maladie » qui m'afflige.

Je profite de cette journée pour faire seulement ce dont j'ai envie : disputer ma première partie de golf de l'année, prendre le temps de lire mon journal, dormir. Je ne sais trop ce qui fait le plus de bien dans cette expérience. Le simple fait de ne pas travailler ? La sensation de liberté ? La surprise qu'on se fait à soi-même de prendre une décision absolument spontanée en se levant le matin ? Peu importe : il faut absolument se réserver le droit de vivre juste pour soi à l'occasion.

Ne rien faire ?

Se laisser aller à l'oisiveté semble parfois tentant, dans le tourbillon de la vie. De nombreux avantages peuvent en résulter : calme, repos, créativité accrue et réflexion.

Si quelqu'un vous reproche ces temps d'arrêt, vous pourrez toujours lui servir ces bienfaits en guise d'arguments imparfaits, mais bien réels.

de mères imparfaites

Maman, je ne sais pas quoi faire...

« Eh bien, ne fais rien. Tu verras, c'est excellent ! »

Enseignez assez tôt les concepts de « temps libres » et d'« activités personnelles » à vos enfants. Ils ont aussi besoin de temps juste pour eux.

Prendre du temps en solitaire, cela s'acquiert dès l'enfance. Laissez vos enfants trouver une occupation intéressante. Invitez-les à regarder des livres avant la sieste et à jouer seuls un moment à leur réveil. Cela les aidera à développer leur créativité, leur indépendance et leur capacité de rêver.

Savourez ces moments où vous êtes seule, vous aussi, sans culpabilité. Vous serez le modèle qu'ils auront envie d'imiter !

Tout ce que vous voudriez savoir, mais qu'on n'a jamais osé vous dire...

« On peut faire très sérieusement ce qui nous amuse, les enfants nous le prouvent tous les jours... »

Georges Bernanos,
Dialogues des carmélites

Je n'ai pas le temps de prendre du temps pour moi...

Chaque fois que vous ferez une telle affirmation, vous aurez invariablement raison. Cela signifie qu'il y a plus important à vos yeux que de prendre rendez-vous avec vous-même.

Le temps est beaucoup plus malléable qu'on ne le croit : si une activité est importante à vos yeux et qu'elle représente une priorité, soyez certaine que vous trouverez du temps pour vous y adonner.

Si vous souhaitez bénéficier de temps personnel, dites que vous avez le temps nécessaire devant vous et exploitez-le sur-le-champ, sans trouver de prétextes ou d'excuses. Ça fait du bien, non ?

Privilèges VIP de la mère imparfaite (Very Imperfect Person)

Accordez-vous la permission...

• de vouloir quotidiennement du temps à vous ;

• d'accorder la priorité à votre temps personnel sur le temps familial ;

• de vous la couler douce pendant que les enfants sont à la garderie ou à l'école ;

• de prévoir des moments sacrés pour faire ce que vous aimez ou pour prendre soin de vous ;

• d'apprécier votre solitude et de la considérer comme positive ;

• d'être sensible au niveau de bruit et de confusion qui règne dans la maison ;

• de reconnaître vos besoins et de leur accorder la primauté sur ceux de votre famille et de votre employeur.

Bref, vous avez le droit de préserver votre bulle et d'en interdire l'accès à votre famille quand vous en ressentez le besoin. Délimitez votre espace.

Quand duo...

Salut, Anik,

Ça va? De mon côté, pas mal. GrandeSœur a maintenant quatre mois et demi. Je pourrais te servir la rengaine de la mère parfaite qui dit qu'on commence à s'inventer un rythme et qu'on apprend tranquillement à construire une petite vie idéale... Mais je constate qu'on est encore en transition, PapaZen et moi. Notre vie de couple est déjà bien différente de ce qu'elle était...

Je dis «transition», mais «réaction» est peut-être un mot plus juste. En fait, quand ceux-qui-n'ont-pas-d'enfants me demandent innocemment si on a vu le dernier film à la mode, j'ai envie de répondre du tac au tac: «Non, mais si tu veux venir garder pour qu'on puisse y aller, ça nous ferait du bien et, en plus, je pourrais te dire ce qu'on a pensé du film!»

Enfin, comme ce qui nous manquait le plus était une bonne bouffe au resto suivie d'une sortie au cinéma, on a profité de la venue des grands-parents pour fêter la Saint-Valentin. C'était notre premier tête-à-tête depuis la naissance de la petite. Nous étions tellement énervés que nous ne savions même pas où aller!

Tu sais, parfois j'en veux un peu à PapaZen, car sa vie n'a pas vraiment changé alors que mon statut de mère allaitante (ou de mère tout court!) me fait renoncer à plein de petites choses. En jasant avec des copines, je m'aperçois que les soins à apporter aux bébés sont encore aujourd'hui une affaire de femmes. Pourtant, PapaZen est loin d'être «pli de fauteuil*», mais je te dis que je dois parfois lui faire un dessin pour lui expliquer que je ne trouve pas tous les jours facile d'être femme au foyer.

Julie

Salut, Julie,

Ici non plus, la vie de couple n'est plus ce qu'elle était. Avant, nous allions jouer au badminton ensemble une fois par semaine. Maintenant, c'est chacun son tour parce qu'il faut bien qu'un des deux garde la petite. Moi aussi, j'aimerais bien avoir de la famille tout près pour garder. J'irais porter la petite une fois par semaine chez ma mère, et on pourrait passer du bon temps en couple.

Actuellement, je t'avoue que la fatigue et le besoin d'avoir du temps personnel ont raison de notre vie de couple. Quand j'ai un moment, je préfère prendre soin de moi ou dormir. On dirait que le fait de prendre soin d'un bébé toute la journée m'enlève le goût de prendre soin de PapaRelax en plus (même si je sais que ce n'est pas exactement cela). Il me faudrait analyser ça.

Anik,

en manque... de TEMPS POUR ELLE!

P.-S.: Nous nous sommes rabattus sur la location de films. Les représentations sont souvent interrompues et je m'endors parfois avant la fin... mais ça nous donne un semblant de temps à nous!

devient trio

De: Anik

Envoyé: 16 juin 2008

À: Julie

Objet: Vie de couple?

Salut, Julie,

Quoi de neuf? Moi, je me sens un peu déprimée. J'aurais besoin de passer un peu plus de temps avec PapaRelax, mais il me semble que la famille prend toute la place. On hésite à confier les trois enfants à une petite gardienne*, jusqu'ici sans souci.

Résultat: je ne me souviens plus de la dernière fois où PapaRelax et moi sommes sortis ensemble! Quand on mange du resto, c'est maintenant à la maison. Le livreur ne nous reconnaît pas: il nous connaît!

Lorsque les enfants sont couchés et qu'on a enfin du temps ensemble, le manque d'énergie a raison de toutes nos résolutions visant à enrichir notre vie à deux. Il me semble qu'on pourrait faire plus original que d'écouter la télévision, non? Par contre, je ne sais trop par où commencer pour améliorer cela…

Anik

De: Julie

Envoyé: 17 juin 2008

À: Anik

Objet: RE: Vie de couple?

Anik,

Nous parlons tellement le même langage! Je suis soulagée de ne pas être seule au monde.

Je prends un coup «de vieille». Dans notre équipe de travail, trois de mes collègues seront pères pour la première fois d'ici à septembre. Chaque réunion commence invariablement par des potins de bedaine*. Je les écoute en parler avec leur vision simple et masculine, où vergetures et nausées sont des concepts abstraits. Je te jure, c'est délicieux à souhait.

Ce matin, quand ils sont sortis de leur rêverie pour me demander: «Toi, une troisième grossesse, c'est comment?», je ne sais pas pourquoi, je n'ai pas réfléchi avant de leur répondre: «Bah! à part que je me sens comme si j'allais accoucher demain matin, je pense qu'au moment de nous revoir après nos congés parentaux, vous n'aurez curieusement aucun souvenir de votre vie de couple actuelle…» Malaise. J'ai eu droit à de grands yeux ronds où je pouvais lire: «La pauvre, ce sont les hormones… Elle est pourtant juste à mi-chemin, son écho de 20 semaines est demain…» Alors, pour ne pas brimer leur instinct paternel qui commence à poindre, j'ai ajouté: «Mais vous allez voir, c'est tout de même très chouette d'avoir des enfants!»

Comme je suis imparfaite mais pas «péteuse de balloune*» (ou si peu!), je suis entrée dans le vif du sujet de notre rencontre. Je ne leur ai donc pas dit que leur couple allait devenir d'abord et avant tout une famille, et qu'en conséquence, leur complicité amoureuse en prendrait pour son rhume* quand ils auront enfin le temps de se regarder dans les yeux. Je ne leur ai pas dit que leurs sujets de conversation tourneraient bientôt autour de la couleur du contenu des couches et qu'ils fantasmeraient désormais sur une nuit de sommeil ininterrompue. J'ai passé sous silence que leur copine aurait besoin qu'on lui dise qu'elle est belle, même si son vieux jean ne lui va plus aussi bien. Qu'on lui dise qu'elle est merveilleuse même quand elle piquera une colère lorsqu'ils oublieront dans la sécheuse* son seul chandail* assez long pour cacher son ventre zébré de bord en bord. Décidément, ce sont les hormones qui parlent! J'ai bien fait de me taire.

Julie

Il était une fois...

« Deux personnes pour faire un couple heureux, ce n'est pas assez. »

Léo Campion,
chansonnier et caricaturiste français

Il était une fois un couple royal, heureux et sans histoire. Tous les jours, le roi et sa reine filaient le parfait bonheur dans leur immense château. Ils avaient beaucoup de temps libre, qu'ils utilisaient pour passer des moments agréables ensemble, en allant au bal ou en assistant à un spectacle de bouffons.

Dans leur majestueuse suite, le romantisme était toujours au rendez-vous. Ils arrivaient souvent à se surprendre, l'un l'autre, en se faisant la cour de façon inusitée. Forts de ce contexte favorable et positif, ils décidèrent un jour, d'un commun accord, de s'investir dans un projet bien particulier : fonder une famille royale.

Se mit en branle une série d'essais plutôt agréables, le roi et la reine savourant chaque tentative. Après quelques mois, l'exercice fut fructueux : le bébé était en route. Notre charmant couple, comblé de cette nouvelle et occupé à préparer l'arrivée imminente du poupon, était bien loin de se douter que sa venue bouleverserait leur vie, et ce, dès les premiers instants.

C'est par un beau jour de printemps qu'un petit prince pointa sa jolie frimousse. Quinze heures de travail avaient eu raison de l'énergie de la reine… et quelques semaines d'allaitement toutes les deux heures portèrent le coup fatal à ce qui lui restait de vigueur. Les yeux cernés, prête à remporter un concours de bâillements extrêmes, la reine imparfaite avait pourtant un fantasme. Malheureusement pour ce cher roi, ce fantasme, bien qu'il se déroulât au lit, ne le mettait nullement en vedette.

En effet, la reine n'avait qu'une seule envie : dormir plus de trois heures d'affilée. Elle pensa même se réfugier dans la tour la plus éloignée du château pour dormir à son aise. Même si sa belle-mère y avait déjà aménagé une pile de matelas et que cela aurait pu l'empêcher d'entendre les moindres gémissements du prince, elle y renonça, car elle y dormait mystérieusement très mal. Le couple royal vivait son premier moment difficile. Son intimité en fut profondément bouleversée.

Même si le désir de se rapprocher à nouveau était présent, la pauvre reine n'était pas au bout de ses peines. Les kilos accumulés pendant la grossesse ne fondaient pas comme neige au soleil et ses vergetures, telles des voyageuses en quête d'un peu de chaleur, semblaient avoir élu domicile au sud de son ventre. Résultat : depuis que son miroir demeurait maintenant muet lorsqu'elle lui demandait qui était la plus belle, la reine n'avait nullement envie de se dévoiler ainsi devant son royal mari. Ce dernier, pourtant si impatient de retrouver sa vie amoureuse d'antan, demeurait tout de même compréhensif devant les réticences de sa douce moitié.

un conte de fées

Le temps passa. Le roi dirigeait le royaume dans la journée et socialisait avec les comtes des alentours. Le petit prince, de son côté, vieillissait. Il espaça graduellement ses boires et se mit à mieux comprendre ce que signifiait «faire ses nuits». Pendant que la taille de la reine s'affinait tranquillement, le roi demeurait frais et dispos en espérant des jours meilleurs. Optimiste à souhait, il pensa alors que la disette était révolue et qu'il allait retrouver le sein tendre de son épouse.

Hélas! la reine, prenant son rôle de mère à cœur, avait d'autres priorités en tête. Plongée dans son congé de maternité et envahie par l'instinct maternel, elle ne voyait que le petit prince. Elle passait ses journées à consoler les pleurs de son bébé, à s'assurer qu'il ne manquait de rien et à répéter à qui voulait l'entendre qu'il était le plus beau des environs. La reine imparfaite arrivait alors difficilement à être réceptive aux avances de son mari, si vaillant fût-il. Le soir venu, elle ne pensait qu'à prendre un peu de temps pour elle, afin d'être prête à reprendre le flambeau dès les aurores.

Le couple royal était dévasté. Comment un si charmant petit prince pouvait-il chambouler autant leur train-train quotidien? Comment pouvait-il réussir à prendre autant de place, au point où leur vie amoureuse n'était plus qu'un vague souvenir? Leurs sujets de conversation se réduisaient à l'affectation de tâches routinières et bienheureuses telles que le changement de la prochaine couche malodorante et le lever du corps pour le prochain boire nocturne.

Déprimés, le roi et la reine se demandaient comment redorer leur vie de couple. Où se trouvait l'issue de cette triste impasse? Ils décidèrent de convoquer toutes les fées du royaume pour discuter de ce problème. Après avoir bien compris l'ampleur de la situation, les fées entourèrent les deux malheureux de leur protection bienveillante en leur offrant trois dons.

La première fée offrit à la reine un don bien particulier: celui de prendre du temps pour elle. La seconde fée lui fit le présent d'acquérir la capacité de demander de l'aide. Finalement, la dernière fée lui fit cadeau du don d'être bien dans sa peau.

La reine fut complètement transformée. Comme elle était capable de déléguer, elle s'offrit une nourrice de temps à autre. Elle se permit donc du temps pour mener des activités plaisantes en solo ou avec ses dames de compagnie. Comme elle se sentait belle et désirable, elle fut en mesure de se rapprocher du roi. Leur nourrice put garder un œil sur le petit prince, pas mécontent pour autant, pendant que ses parents sortaient dans le royaume. Depuis ce temps, le couple royal vit heureux et on dit même qu'il attend une petite princesse d'un jour à l'autre.

FIN

Ce que la mère imparfaite en moi en pense

« Imperfectionniste »...

Les listes sont faciles à rédiger, à relire et à comprendre. Pourquoi ne pas les utiliser pour répondre à votre désir de changer et d'évoluer ? À votre besoin de vivre plus simplement et intensément ? Il n'en tient qu'à vous de les mettre à votre service. Apprenez à les aimer comme vous aimez votre douce moitié !

Je raffole des listes. Et alors ?

- ❏ nos 10 petits plaisirs amoureux ;
- ❏ les souvenirs de notre vie de couple que j'aime me re-mémorer ou les moments magiques que nous avons vécus ensemble ;
- ❏ la conjointe que j'aimerais être ;
- ❏ les moments pendant lesquels je me sens bien avec mon conjoint ;
- ❏ les raisons pour lesquelles mon amoureux m'aime et ce qu'il aime de moi ;
- ❏ ce qui m'attire chez mon conjoint et pourquoi j'en suis amoureuse ;
- ❏ une journée ou une soirée idéale avec mon amoureux ;
- ❏ mes musiques préférées pour une soirée romantique ;
- ❏ ce que je ne peux changer chez mon conjoint ;
- ❏ nos plans pour l'avenir ;
- ❏ ce qui ferait plaisir à mon conjoint ;
- ❏ des idées d'escapades en amoureux ;
- ❏ nos silences et nos non-dits, les sujets qu'on évite d'aborder parce qu'ils créent des tensions ;
- ❏ les activités à faire à deux ;
- ❏ ce que j'aime qu'il me dise ;
- ❏ ce que j'aimerais lui dire ;
- ❏ nos projets non entamés.

jusque dans mes listes !

> « La véritable intimité est celle qui permet de rêver ensemble avec des rêves différents. »
>
> **Jacques Salomé,**
> *psychologue, écrivain et formateur français*

Viser plus en faisant moins

Voici le moment de déterminer ce qui va bien dans votre vie de couple et les forces de votre tandem. Relevez également les aspects que vous aimeriez améliorer. Vous pourrez ainsi cerner exactement ce que vous souhaitez vivre ensemble et formuler votre objectif.

Notre vie de couple:
les bons côtés

Notre vie de couple:
les moins bons côtés

Ce que je désire

« Il est plus facile d'aimer les gens que de vivre avec eux. L'amour c'est du rêve; la vie à deux c'est du travail ! »

Barbet Schroeder,
réalisateur et producteur français

activités   intimité   sexualité   complicité   temps de qualité   tendresse
couple   projets   affection   passion   amour   temps
communiquer   désirer   apprécier   aimer   redécouvrir   se rapprocher
écouter   ensemble   amoureux   complices   attentionnés

Mon objectif:

Imparfaite, mais efficace

La parfaite imperfection... j'y suis!

La crème...

Être complices

Fonder une famille, c'est vivre l'une des aventures les plus enrichissantes qui soient. Profitez de cette expérience partagée pour vous rapprocher.

❏ **Soyez gagas ensemble.** Bien qu'il soit tentant de vous échanger les tours de garde, c'est-à-dire que l'un des parents s'occupe du bébé tandis que l'autre se la coule douce, essayez de passer du temps ensemble avec votre progéniture. Les premières années de Bébé passent tellement vite, prenez le temps d'en profiter ensemble. Jouez avec lui, accompagnez-le dans ses premiers pas, encouragez-le, parlez-lui. Regardez fièrement grandir votre petite merveille. Cela n'arrivera pas deux fois !

❏ **Dialoguez.** Prenez l'habitude d'entretenir des conversations devant Fiston ou Fillette sur des sujets variés qui ne concernent pas uniquement la logistique familiale. Votre enfant apprendra à mieux vous connaître grâce à vos discussions sur vous-mêmes, votre travail ou vos amis. Faites bien attention à ce que vous dites, car l'éducatrice* de votre charmant bambin pourrait en apprendre des vertes et des pas mûres à votre sujet. «Ma mère, elle dit que mon père est un "nétalon". C'est quoi, ça, un "nétalon" ?»

❏ **Retrouvez vos anciennes amours.** Malgré la pagaille des premières années de vie de vos enfants, replongez aussi souvent que possible dans vos anciennes habitudes. Planifiez une petite soirée comme dans le bon vieux temps, telle que vous les aimez : restaurant, cinéma, repas chez des amis... Trouvez la perle rare qui vous permettra de passer un bon moment avec votre amoureux sans vous ronger d'inquiétude. Recourez à Mamie, Tatie, Sœurette, une amie, ou une petite gardienne* fiable.

❏ **Prenez la poudre d'escampette.** Refaites le plein d'énergie lors des fins de semaine en tête-à-tête. Vous serez surprise de tout ce que vous trouverez à vous dire en 48 heures sous l'effet d'une bonne bouteille de vin. Auberge, centre de santé, camping ou excursion : choisissez ! Un avantage de cette retraite fermée : vos enfants vous paraîtront plus gentils et plus beaux au retour. Le hic ? Vous direz constamment : «Les enfants auraient adoré ceci... et cela !» Vous risquez aussi de racheter à gros prix votre tranquillité d'esprit à la boutique de souvenirs.

❏ **Prenez rendez-vous.** Dans le feu de l'action, on oublie souvent de faire le point sur l'essentiel. Pourquoi ne pas prévoir une rencontre ponctuelle pour se donner la chance de parler des événements survenus et de la suite à envisager ? Un entretien régulier de vos habiletés de communication et une mise au point de vos valeurs vous permettront de faire longue route.

Plus de partage, moins d'éloignement

Les projets communs

Même si fonder une famille est probablement votre projet de couple le plus important, le plus prenant et le plus gratifiant, ne vous y limitez pas. Pourquoi ne pas vous remettre en forme à deux ? Ce n'est qu'un exemple parmi des dizaines d'autres ! Monsieur pourrait perdre les kilos accumulés pendant sa grossesse sympathique pendant que vous vous efforcez de manger un peu plus santé dans le but d'enfiler dignement votre maillot de bain. Mettez vos efforts en commun pour un résultat qui vous fera plaisir à tous les deux. Il n'y a rien de mieux pour le moral et le couple !

de l'imperfection

Partager du temps

Du temps de qualité en compagnie de votre amoureux demeure essentiel pour soigner votre couple.

❑ **Redécouvrez les petits plaisirs.** Certes, vous deviendrez plus casaniers lorsque votre duo comptera un ou plusieurs nouveaux petits membres. Vous devrez alors faire preuve d'ingéniosité pour dynamiser vos soirées. Plutôt que de filer chacun de votre côté lorsque la marmaille visite le pays des rêves, retrouvez-vous pour passer du bon temps. Il peut s'agir d'un repas tardif, d'un film, d'un jeu de société, d'un jeu vidéo ou de simplement vous endormir ensemble (en même temps !). Cela vous rappellera que vous n'avez pas toujours été des parents.

❑ **Allongez le repas.** Restez un moment à table après le repas pour discuter pendant que vos enfants s'amusent. Règle générale, s'ils sont repus et de bonne humeur, ils joueront seuls un certain temps. Et si vous voulez vraiment passer les derniers moments du repas en paix, amadouez vos petits avec un nouveau jouet, une émission de télévision passionnante ou des biscuits subtilement oubliés à un endroit bien en vue. Succès assuré, mais potentiel ménage à prévoir ! À vous de décider.

❑ **Statuez.** Établissez un « contrat de sortie » : choisissez une fréquence de sorties qui vous convienne et respectez cet engagement. Soyez constants dans cette habitude. Ainsi, en grandissant, vos enfants comprendront que les amoureux aiment passer du temps ensemble. Pensez-y : lorsque votre petite princesse aura 4 ans, vous serez les idoles de ses contes de fées.

❑ **Engagez une gardienne*.** Si confier Bébé à une adolescente vous inquiète, invitez-la à la maison pendant que vous y êtes. Vous aurez ainsi un peu de temps pour une sieste ou une autre activité importante, comme relaxer ou vous bichonner. Une fois une certaine dose de confiance acquise, passez à l'étape ultime : coupez le cordon et sortez avec votre amoureux. Résistez toutefois au désir de simuler un besoin pressant dans le but de vous cacher à la toilette, afin de téléphoner en catimini à la maison, histoire de vérifier le bon déroulement de la soirée à domicile.

❑ **Soyez égoïste.** Paradoxalement, le fait de vous allouer du temps en solitaire vous aidera à retrouver votre équilibre. Vous serez ainsi plus disponible et ouverte pour profiter de votre temps en couple. Intégrez quotidiennement des moments de solitude.

Plus de planification du temps à deux, moins de raisons de le mettre de côté

Un couple aux petits soins

Le temps est un facteur déterminant pour la santé de votre couple. Pourtant, les minutes sont comptées dans le tourbillon des activités quotidiennes. Amusez-vous (le mot est peut-être un peu fort) à illustrer votre répartition du temps quotidien sur un cercle divisé en 24 parties égales. Quelle proportion du temps consacrez-vous à votre vie de couple ? Est-ce suffisant pour que votre couple s'épanouisse ? Cet exercice vous le révélera.

L'imperfection...

Être attentionnée

Tendresse, affection, intimité. Voilà des mots qui illustrent bien comment vous pouvez cajoler votre conjoint. Voici quelques idées à intégrer à votre vie pour que votre chéri se sente aimé et apprécié.

❑ **Cultivez une habitude.** Choisissez une gentillesse quotidienne à l'endroit de Papa comme : l'embrasser, caresser ses cheveux, lui dire un mot tendre ou le complimenter. Pensez aussi à lui dire : « Je t'aime ». Connaissez-vous une personne qui se plaint d'entendre répéter ces mots trop souvent ? Prenez-en l'habitude !

❑ **Détendez l'atmosphère.** Vivre avec de jeunes enfants apporte son lot de tensions. Soyez donc moins prompte à réagir et souriez davantage, au grand bonheur de toute la maisonnée. Vous avez le droit de feindre le sourire : cela efface réellement la mauvaise humeur. Essayez, vous verrez !

❑ **Usez de psychologie.** Dites à Monsieur à quel point vous l'estimez, en tant qu'amoureux et en tant que papa. Les hommes réagissent très bien aux encouragements. Avec une bonne dose de compliments et de demandes subtiles, vous obtiendrez tout ce que vous voudrez et votre homme n'y verra que du feu.

❑ **Organisez des échanges.** Vous aimez les massages dans le dos et vous plonger dans un peignoir chaud au sortir du bain ? Ce sont de petits bonheurs sur lesquels votre conjoint pourra porter son attention aujourd'hui. Demain, ce sera votre tour de lui faire plaisir d'une manière ou d'une autre, même si cela consiste à lui préparer un gros steak sans légumes ou à le laisser écouter le hockey en « bobettes » tout en hurlant à tue-tête à chaque but du Canadien*.

❑ **Surprenez.** Les idées ne manquent pas : mot doux envoyé par courriel, photos de famille glissées dans son portefeuille, écran de veille personnalisé sur son portable, dessins d'enfants insérés dans son sac de voyage, petit cadeau inattendu, chanson fétiche téléchargée sur son lecteur MP3 ou de nouveaux sous-vêtements (idéalement pour vous, mais à l'exception du beige). Il n'y a rien de mieux que l'élément de surprise pour mettre un peu de piquant dans la vie de couple et indiquer à votre homme qu'il a toujours sa place dans votre cœur.

Plus d'attentions gentilles, moins de monotonie

Quand la spontanéité fait ses valises...

Avec un enfant, la routine fait partie du quotidien. Si 95 % de votre temps est réglé au quart de tour, comment pouvez-vous prétendre soustraire votre vie de couple à ce cadre rigide ? Composez plutôt avec cette réalité : prévoyez du temps en couple, quitte à planifier vos relations sexuelles. Décourageant ? Tout sauf spontané ? Au contraire, vous vous surprendrez à attendre ce moment avec des idées coquines en tête... Et, de cette manière, vous serez certaine d'avoir du temps pour prendre soin de votre couple et stimuler votre intimité.

Se rapprocher

L'arrivée d'un enfant bouleverse toute l'intimité d'un couple. Si prendre son temps est une règle d'or, d'autres astuces vous aideront à vous redécouvrir.

❑ **Communiquez.** Pourquoi ne pas planifier une « conversextion » pour exprimer clairement vos besoins et vos attentes reliées à l'intimité et à la sexualité : Quand ? Où ? Comment ? Si Monsieur (ou Madame) n'est pas du style bavard, ouvrez une bonne bouteille de vin. Elle pourrait rendre les timides plus volubiles.

❑ **Écoutez votre petite voix intérieure.** Si vous craignez la première relation sexuelle après votre accouchement, recommencez les contacts graduellement. Soyez claire sur le type de caresses désirées et sur le fait que vous n'envisagez pas encore de relation sexuelle... avant un an ou deux. Blague à part, ne fixez pas de moment précis pour reprendre vos activités ; évitez la pression inutile.

❑ **Laissez-vous de la place pour désirer.** Si vos journées sont remplies à craquer, si vous n'avez pas le temps de vous ressourcer, il ne vous restera aucune place pour désirer votre homme. Il y a cependant un préliminaire essentiel : il faut d'abord se retrouver en tant que femme. C'est le seul moyen d'éviter que les moments de cajolerie vous apparaissent comme un devoir conjugal.

❑ **Innovez.** C'est le temps d'essayer d'autres formes d'expression de votre sexualité. On dit que les femmes font l'amour autrement après l'expérience de la maternité et que leurs rapports sexuels sont plus riches, bien que différents. Nouvelles responsabilités, crème fouettée et petites culottes mangeables feront-elles toujours bon ménage ?

❑ **Donnez une chance au coureur.** Avertissement : refuser toutes les avances de votre jules en invoquant 1 001 prétextes entraîne parfois un manque d'initiative masculine. Dosez prudemment.

❑ **Quittez.** C'est classique. Au moment crucial d'une rencontre sensuelle, Bébé imparfait pleurera pour réclamer son boire ou Maman imparfaite aura une pensée distrayante sur les avantages et les inconvénients d'introduire les aliments solides avant l'âge de 6 mois. Pour bien profiter du moment présent et limiter les distractions, évadez-vous ! Faites découcher le plus jeune membre de votre famille, louez une chambre pour un soir ou gagnez un forfait pour deux adultes consentants. Vous reviendrez tous deux ragaillardis, prêts à reprendre vos nombreuses fonctions parentales avec le sourire.

Plus d'originalité, moins d'excuses
Plus de tendresse, moins d'incompréhension

Imperfection postnatale

Vous serez imparfaite et fière de l'être, parce que vous n'aurez pas le goût de reprendre une vie sexuelle enflammée sitôt le cordon ombilical coupé. C'est tout à fait normal ! En effet, vos parties génitales auront été mises à rude épreuve et votre apparence ne sera plus celle de vos 20 ans. De plus, tant que votre corps espérera une nuit de sommeil qui ne soit pas entrecoupée par les pleurs d'un bébé ou une couche remplie, vous n'aurez nullement envie d'une partie de jambes en l'air. Dans ce contexte, soyez toutefois claire avec votre chéri sur vos sentiments et vos craintes. Proposez des options qui l'aideront à prendre son mal en patience. IEA ?

Confidences...

« Dans un couple, peut-être que l'important n'est pas de vouloir rendre l'autre heureux, c'est de se rendre heureux et d'offrir ce bonheur à l'autre. »

Jacques Salomé (avec Sylvie Galland),
Si je m'écoutais je m'entendrais

Investir dans le couple

Au sein d'un couple, il est normal de vivre des hauts et des bas. Comme à la Bourse !

Investissez dans votre couple lorsqu'il est à son plus bas niveau, même si ce n'est pas tentant, à première vue.

Faites alors des gestes qui vous rapprocheront, malgré votre orgueil ou votre désir imparfait de ne pas perdre la face.

Vous en récolterez des bénéfices lorsque le marché remontera. Et il le fait toujours !

Défi imparfait

Imaginez-vous avec le meilleur conjoint imparfait.

Évidemment, votre douce moitié n'est pas parfaite. Mais si vous vous concentrez sur ses qualités et ses points forts, plutôt que de ressasser ses imperfections, il y a fort à parier que vous l'apprécierez de plus en plus.

Après tout, c'est ce qui fait son charme, non ?

PapaZen loves Julie

La plus grande crainte d'un homme qui s'apprête à devenir père, c'est de perdre définitivement sa vie de couple, cette communion unique qu'il partage avec sa douce, ces moments d'intimité, cette légèreté de vivre. Bien sûr, c'est un peu ce qui arrive, mais je le dis sans amertume.

Pourquoi ? Parce que la vie de famille qu'il découvrira sera tout aussi gratifiante et agréable que son ancienne vie de couple. Et le plus beau ? Les moments que l'on partagera désormais seul avec sa très tendre, quoique moins nombreux, seront doublement appréciés. Une sortie au cinéma, autrefois banale et fréquente, deviendra prétexte à de grandes festivités, voire un exploit que l'on racontera à ses collègues de travail. Et le souper* en tête-à-tête au restaurant ? Il équivaudra en bonheur à ce qu'aurait constitué un voyage en Europe dans la vie «avant enfants».

En somme, la vie de famille est le plus souvent fort agréable et les moments en couple deviennent uniques.

« Une bonne vie de couple serait celle où l'on oublierait, le jour, qu'on est amants, et la nuit, qu'on est parents. »

Adaptation d'une citation de Jean Rostand, tirée des Pages d'un moraliste

de mères imparfaites

Dehors les pantoufles et exit le phentex*!

En congé de maternité et avec des enfants, il est tentant de se laisser aller sur le plan vestimentaire. D'autant plus qu'il n'est pas trop désespérant que Bébé bave de tout son soûl sur votre T-shirt le plus ample ou votre pyjama Winnie l'ourson.

Tentez de soigner votre apparence. Évitez de porter toute la journée les premières fringues qui vous tombent sous la main. Habillée convenablement, on se sent tellement mieux!

D'ailleurs, pourquoi ne pas faire une petite razzia dans les boutiques dans le but avoué de vous trouver plus jolie et désirable? Quelques nouveaux vêtements vous motiveront à quitter votre taille de bourdon pour retrouver votre taille de guêpe.

Un nouveau style pour la nouvelle maman? Pourquoi pas!

Les devoirs des couples imparfaits

Accepter ses petites manies

Pourquoi l'être qui nous est le plus cher serait-il celui que l'on aime en y mettant le plus de conditions?

Se réconcilier

Vous avez droit aux conflits, mais rappelez-vous que dès que l'un cède, les deux y trouvent leur compte.

Exprimer vos besoins

Vos désirs ne figurent pas dans les nouvelles du Réseau des Sports (RDS)* et l'animateur de l'émission *Les Amateurs de sports** ne s'en fait curieusement pas le porte-parole. Alors, demandez et vous recevrez!

Tout ce que vous voudriez savoir, mais qu'on n'a jamais osé vous dire...

Privilèges VIP des couples imparfaits

Le droit aux échanges privés

Vous avez le droit de discuter avec votre conjoint sans qu'on vous dérange. Assez tôt, apprenez à votre enfant à attendre son tour avant de parler. Les plus zélées utiliseront une minuterie qui, tant qu'elle n'aura pas sonné, indiquera à votre enfant de ne pas vous interrompre.

Le droit aux explications

La naissance d'un enfant fait parfois ressortir les différences. Si vous ne comprenez plus votre homme, demandez-lui des explications.

Le droit à la porte fermée

Dès que votre enfant sera en mesure de s'en servir, donnez-lui un «code» pour qu'il frappe à la porte discrètement afin de signifier qu'il a besoin de vous parler. Évitez le sexe, porte ouverte.

Le droit d'être un couple

Un bon modèle de couple est un cadeau précieux pour votre enfant. Ne l'oubliez pas.

> «Il y a deux choses difficiles à faire dans la vie: vivre à deux et avoir des enfants. Le reste est relativement facile.»
>
> **Jean Reno,**
> *acteur français*

Quand on est deux...

De : Julie

Envoyé : 20 avril 2004

À : Anik

Objet : Coo-PÈRE-ation, peut-être?

Salut, Anik,

Cinq mois post-partum. La déprime totale. PapaZen revient d'un voyage culturel avec ses élèves, ce qui ne m'aide même pas à retrouver mon entrain. J'ai gardé le fort, seule, pendant 10 jours. Je me suis occupée de tous les bains et allaitements, et les nuits ont été «looooongues». De quoi devenir complètement dingue.

Pour résumer, je l'attendais avec une brique, un fanal... et une lettre que j'ai déposée dans l'escalier, la nuit de son arrivée. En gros, je lui disais que j'étais fatiguée de cette routine quotidienne et épuisée de toujours donner sans avoir l'impression de recevoir. J'ai ajouté que j'en avais «ras le pompon» qu'il persévère dans ses bonnes habitudes de rendre service à Pierre, Jean et Jacques, et de s'engager à fond dans ce qu'il entreprend... même depuis l'arrivée de GrandeSœur. Pour le reste, sa vie n'a pas changé, à l'exception d'une couche à remplacer avant de partir et de ses efforts pour l'endormir le soir. (Et encore ! Il vient me la porter quand elle est inconsolable.) De mon côté, j'ai dû renoncer à une foule de petits avantages, comme si j'étais entrée chez les sœurs. J'ai dû lui faire un dessin pour qu'il s'aperçoive qu'il n'avait jamais passé plus de trois heures seul avec la petite...

Il me considère en partie responsable de certaines situations, parce que je ne formule pas clairement mes besoins. Au secours ! Existe-t-il une formation pour parler «homme»? J'ai confiance que nous réussirons à nous ajuster.

Julie

De : Anik

Envoyé : 21 avril 2004

À : Julie

Objet : RE : Coo-PÈRE-ation, peut-être?

Julie,

Outre les sages conseils du style «prends du temps pour toi chaque jour», «permets à la petite et à son père de tisser des liens», «laisse PapaZen s'apprivoiser à son nouveau rôle», je te recommande de prendre un peu de recul et de garder espoir.

C'est malheureusement souvent la réalité : les mères se plaignent d'avoir tout à faire, mais elles prennent tout à leur charge... Il faut accepter que le papa fasse les choses différemment : dans le fond, c'est le résultat qui compte, pas les moyens que l'on prend. Laisse la petite aux bons soins de PapaZen et retire-toi. Organise-toi pour ne pas entendre ou voir ce qui se passe... GrandeSœur a un papa et elle doit apprendre à le connaître. Elle fera la différence entre vous deux. Cesse de tout t'attribuer et délègue le plus souvent possible... Fais confiance à PapaZen. Après tout, tu feras bientôt confiance à une gardienne*, non?

Persiste et sois claire ! Bonne chance !

Anik

ça va deux fois mieux !

De : Julie

Envoyé : 27 juin 2009

À : Anik

Objet : Rudiments de psychologie masculine

Allô, Anik,

T'es-tu déjà demandé pourquoi certains jours ton homme passe en mode action et d'autres, non ? De mon côté, j'observe et j'essaie de tirer des leçons.

Leçon n° 1 : PapaZen se lance dans la « to do list* » que j'ai subtilement laissée bien en vue sur le frigo (juste à l'endroit où l'on range les sandwiches à la crème glacée*) quand ça ne peut vraiment plus attendre. Par exemple, les préparatifs pour les vacances estivales (qui surviendront dans moins d'une semaine !) ont un puissant effet motivationnel. Une pièce hyper importante de la voiture qui, à tout hasard, se met à rouler dans la rue, arrive aussi à le pousser à l'action. Il faut qu'il sente le sentiment d'urgence. Sinon, *niet*. Aucun mouvement.

Leçon n° 2 : PapaZen ne répond pas – mais alors pas du tout – si ladite urgence vient de moi. Ainsi, j'ai un succès plutôt mitigé si je fais mine d'entamer innocemment une tâche et que je lui demande son aide. Et je subis un échec retentissant chaque fois que je lui rappelle une tâche à plus de deux reprises. J'ai essayé tous les tons : calme, exaspéré, humoristique, blasé, frustré… *Nada*.

Leçon n° 3 : Cela dit, j'ai remarqué qu'il répond un tantinet plus rapidement si l'urgence origine d'une couche pleine ou d'un bébé qui pleure en pleine nuit, à condition de ne pas être absorbé par une activité importante qui l'empêche momentanément d'entendre (la lecture du journal ou son émission de sport préférée, par exemple).

Outre le fait de me mettre à pleurer comme Frérot, de saboter moi-même les trucs que j'aimerais qu'il répare ou d'acheter un bandeau publicitaire sur RDS.ca*, as-tu des constatations qui pourraient m'être utiles ?

Julie

De : Anik

Envoyé : 28 juin 2009

À : Julie

Objet : RE : Rudiments de psychologie masculine

Salut, Julie !

Ouf, l'Homme te donne du fil à retordre ! Mes leçons personnelles ?

Leçon n° 1 : toujours demander calmement (même la 10e fois). Dès que je monte le ton, c'est foutu. La voix de miel et les apostrophes flatteuses et interminables ont un succès bœuf. Exemple : « Mon beau chéri, si gentil et si intelligent… »

Leçon n° 2 : faire ma Délima Caillou*. Autrement dit, m'organiser pour que l'idée semble venir de FredRelax, mais dans le fond, c'est moi qui manœuvre le tout en coulisses.

Leçon n° 3 : omettre tout commentaire si PapaRelax est en train de s'attaquer à une tâche que je lui ai demandée, c'est-à-dire : question, suggestion sur une meilleure façon de faire ou pire, critique ! (Même si, selon moi, c'est toujours constructif.)

Essaie et donne-m'en des nouvelles.

Anik

Autopsie d'un dimanche matin:

Monsieur et Madame X (noms fictifs) forment un couple moderne. Ils occupent chacun un emploi à temps plein et affirment que leurs responsabilités parentales sont partagées. Ils acceptent de se prêter au jeu afin de mettre en lumière les forces de leur duo : dresser la liste de tous leurs gestes en vue d'assurer le bien-être de Bébé X et de Fiston X (noms fictifs). Voyons voir...

Que fait Monsieur X ?

4 h 30: Il entend Bébé qui pleure puis il remarque, entre deux sommeils, qu'il s'est rendormi.

6 h: Il se lève en même temps que Fiston et prépare à déjeuner.

7 h: Il lit son journal en répondant à une question fondamentale sur le beurre d'arachide croquant posée par Fiston. Il dépose sa vaisselle sale dans l'évier.

8 h: En écoutant la radio, il plie une montagne de vêtements propres et les range. De l'étage, où il s'affaire à prendre ses courriels, il répond à Maman qui se renseigne sur ses préférences alimentaires de la semaine. Il s'offre pour aller faire l'épicerie*. Il s'allonge sur le divan en prenant Fiston contre lui et demande à sa douce de le réveiller dans 10 minutes.

9 h: Il demande à Fiston de ramasser ses retailles de bricolage qui sont sous la table. Il invite Fiston à faire les commissions avec lui, parce que ce dernier s'ennuie.

10 h: Il fait les emplettes seul, car Fiston ne veut pas l'accompagner.

11 h: Il rentre à la maison. Il marche à quatre pattes avec Fiston pour le motiver à ranger la sculpture complexe de couvertures érigée dans le salon. Il range l'épicerie. Il félicite son fils qui a obtenu un collant* pour la règle de vie de la semaine. Il lui offre un bonbon.

11 h 30: Il ouvre son portable, Bébé sur ses genoux, pour régler quelques questions relatives au travail. Il remarque que Bébé est chaud et il demande à Maman si son état général lui semblait normal ce matin. Il prend sa température. Il avise Maman qu'il rentrera tard deux soirs cette semaine.

12 h: Il sert du spaghetti à tout le monde. Il dit à Fiston de ne pas faire de chichis pour la couleur des assiettes. Il répond au téléphone et parle à sa mère. Puis il parle à son père. Pendant que toute la famille mange, il s'informe de ce que chacun a fait dans l'avant-midi.

Voilà un papa qui s'implique dans sa vie familiale. Consultons la liste de sa coéquipière

> « Un homme n'est jamais si grand que lorsqu'il est à genoux pour aider un enfant. »
>
> **Pythagore,**
> *mathématicien et philosophe grec*

Ce que la mère imparfaite en moi en pense

Parents à parts égales?

Que fait Madame X?

4 h 30: Elle va chercher Bébé qui pleure et l'amène dans le lit pour l'allaiter. Sitôt rassasié, celui-ci est déposé par Madame X dans son berceau. Elle peine à se rendormir, mais roupille jusqu'au réveil de Bébé.

7 h: Arrivée dans la cuisine, elle remplit le lave-vaisselle, car l'évier est comble. Elle prépare une deuxième rôtie* pour l'aîné qui s'est tourné vers elle. C'est que Papa, toujours absorbé par son journal, ne l'a pas entendu énoncer son besoin. Madame X remarque que le nez de Bébé coule.

8 h: Elle déjeune debout en rédigeant la liste d'épicerie* et en planifiant le menu de la semaine. Elle demande à tous ce qu'ils aimeraient manger cette semaine. Ils l'ignorent. Elle allait prendre sa douche, mais l'époux souhaite roupiller sur le sofa. Elle ferme la radio qui chante à tue-tête. Le plus grand s'ennuie et ne sait plus quoi faire. Elle change la chaîne qui présente la course automobile pour Diego. Après l'émission, le jeune s'ennuie toujours. Elle lui propose de bricoler une carte pour la fête des Pères. Elle le prend en photo alors qu'il est à l'œuvre.

9 h: Elle tente de consoler Bébé, maussade (un rhume, peut-être?). Elle espère toujours prendre sa douche, mais Fiston ne veut pas aller faire les courses avec son père. Elle explique la liste d'épicerie* à Monsieur X. En allaitant Bébé qui pleure toujours, elle lui rappelle d'apporter les sacs réutilisables et elle lit une histoire à Fiston. Elle va porter Bébé au lit pour sa sieste et met de la musique douce pour une ambiance de rêve...

10 h: Elle rappelle à Fiston la règle de vie de la semaine: ramasser ses bricoles sur la table. Elle lui prépare une collation* santé. Elle négocie parce que les *Froot Loops* n'en sont pas une. Pendant qu'il grignote et qu'il bâtit une maison avec toutes les couvertures qu'il peut trouver, elle a encore sa douche en tête, mais Bébé se réveille, peu enjoué. Elle change sa couche et observe ses fesses rouges (une première dent, peut-être?). Elle fredonne «*Limbo rock*» pour le distraire. Elle met Bébé dans son aire de jeu et en profite pour remettre en ordre l'armoire, régler des factures par Internet et signer un formulaire d'autorisation pour une sortie spéciale à la garderie*. Elle entame le dîner. Voyant que Fiston a fait un effort pour ramasser les résidus de son bricolage, elle applique un autocollant sur son tableau d'honneur.

11 h: Pour faire de la place pour les sacs d'épicerie en plastique (les sacs réutilisables sont restés sur le comptoir), elle ramasse les cahiers lus de *La Presse* qui gisent par terre.

11 h 30: Monsieur X demande qu'on l'avertisse quand le dîner sera prêt. L'épouse lui dit que ça y est, mais il ouvre son portable. Elle reporte le dîner de quelques minutes et note sur le calendrier les deux soirs où Monsieur X ne rentrera pas souper* cette semaine. Elle donne à manger à Bébé, puis consulte *Mieux vivre avec son enfant*. Elle y vérifie les premiers signes d'une poussée dentaire.

12 h: Madame X se lave les mains. À défaut d'une douche, ce sera toujours ça de pris! Pendant que son homme parle de la météo avec ses parents, elle dépose les couverts sur la table en enlevant les champignons apparents du bol de Fiston. Enfin, elle lui sert son jus dans un verre à l'effigie de *Spider-Man*.

Illusion d'optique ou déséquilibre? Monsieur X donne-t-il le coup de main qu'il pensait?
Madame X porte-t-elle un trop lourd fardeau?

«Imperfectionniste»...

Les listes reflètent le tempérament et les émotions de la personne qui les rédige. Elles permettent d'aborder les faits et de mieux observer la réalité. Pourquoi ne pas les utiliser pour consolider votre équipe et mettre en place des stratégies gagnantes ?

Je raffole des listes. Et alors ?

- ❏ les arrangements qui nous conviennent tous les deux en matière de partage des tâches ;
- ❏ ce que j'aimerais qu'il fasse sans le lui demander ou les initiatives que j'aimerais qu'il prenne ;
- ❏ mes frustrations à l'égard de mon conjoint ;
- ❏ je ne comprends pas qu'il... ;
- ❏ les tâches que je n'arrive pas à lui déléguer et les raisons qui me poussent à les accomplir ;
- ❏ mes attentes envers lui, comment et à quel moment je vais les lui communiquer ;
- ❏ les forces de mon conjoint dans son rôle de père ;
- ❏ ce que j'aime de mon père (et de mon beau-père) ;
- ❏ les qualités essentielles d'un bon père ;
- ❏ les critiques constructives que je pourrais lui formuler ;
- ❏ ma façon de réagir à ses critiques et son type de réaction aux miennes ;
- ❏ les thèmes sur lesquels nous nous accordons et ceux qui engendrent la discorde, au regard de l'éducation de nos enfants ;
- ❏ les raisons de nos dernières querelles et la manière dont nous les avons réglées ;
- ❏ mon conjoint m'aide quand... ;
- ❏ les tâches les mieux partagées dans notre équipe et celles qui mériteraient de l'être davantage.

jusque dans mes listes !

« C'est long à élever, un père. »

Christine Latour,
La Dernière Chaîne

Viser plus en faisant moins

Inscrivez ce que vous appréciez de votre conjoint en tant que père et ce qui, au contraire, vous induit à ne pas comprendre ce qui se passe dans sa tête. Dressez le portrait du père idéal en précisant les qualités, les initiatives et les attitudes que vous aimeriez lui voir développer, en vue d'une meilleure collaboration.

Notre duo parental:
les bons côtés

Notre duo parental:
les moins bons côtés

Ce que je désire

« Devenir père n'est pas difficile.
L'être l'est, cependant. »

Wilhelm Busch,
écrivain allemand

conjoint initiative tâches éducation enfants soins routine
attentes équipe indulgence prendre sa place investir déléguer
communiquer échanger collaborer complimenter intégrer remercier
heureux solide partagé équilibré

Mon objectif:

Imparfaite, mais efficace

La parfaite imperfection... j'y suis!

La crème...

S'exprimer clairement et astucieusement !

Il n'y a que des bienfaits à être un grand livre ouvert. Ce que vous risquez de plus gros, en exprimant vos attentes, vos besoins et vos sentiments, c'est qu'on les écoute et les considère !

❏ **Communiquez.** Une attente non formulée est un désir qui ne se réalisera pas. Indiquez clairement à Papa ce que vous attendez de lui. Exprimez vos besoins sans espérer qu'il les devine : on ne trouve pas de boule de cristal chez *Canadian Tire**. Utilisez le « message-je* ». Croyez qu'en demandant, vous recevrez !

❏ **Pensez à voix haute.** Il suffit parfois de parler banalement pour communiquer quelques notions éducatives en soins d'enfants. Faites preuve de pédagogie avancée : « Chéri, sais-tu où se trouve le savon de Bébé, celui qui ne lui cause pas de rougeurs et qui lui donne une odeur plus subtile qu'*Irish Spring** ? » ; « Mon Loup, m'amènerais-tu le fromage cottage* ou le tofu pour ajouter des protéines au repas de Bébé ? C'est plus nourrissant et cela l'empêchera peut-être de se réveiller cette nuit ».

❏ **Complimentez.** Tous aiment les compliments. Pourtant, personne n'estime en recevoir assez. Avouez que ça fait toujours un petit velours quand Papa dit sincèrement : « Bravo, c'était une intervention solide. Tu as su rester calme. » Gardez en tête que la réciproque est aussi vraie.

❏ **Débarrassez-vous de vos crottes sur le cœur*.** Y a-t-il des jours où vous seriez prête à vider sur la tête de votre homme le bol rempli d'écales de pistaches qu'il a laissé dans le salon – pour que « quelqu'une » le ramasse ? Jurez-vous alors comme une charretière parce que Bébé l'a trouvé avant vous ? Il est temps d'affirmer ce que vous ressentez et de penser au message que vous transmettez si vous le ramassez sans rien dire. N'accumulez pas vos rancœurs.

❏ **Faites état de vos émotions.** Si Papa n'est pas porté à passer en mode proaction pour corriger les (petits) faux plis qui vous aideraient à garder la raison, passez vous-même en mode émotif. Dites-lui que vous êtes peinée, déçue ou en $% ?& parce que son indifférence laisse transparaître le peu d'importance qu'il accorde à vos demandes. Prendre le temps de réfléchir aux commentaires d'une personne qui nous est chère dénote amour et respect.

Plus de communication, moins de frustrations

Testé et éprouvé !

Tous les jours, je suis imparfaite et fière de l'être car, pour inviter à la coopération, j'utilise la ruse de la formulation « voudrais-tu... ? » plutôt que « pourrais-tu... ? ». Par exemple :

Version n° 1 : « Pourrais-tu aller changer la couche de Frérot, mon chéri ? – Euh... je ne PEUX pas y aller maintenant. Il y a une importante nouvelle au sujet du Canadien* et je ne voudrais pas la manquer. »

Version n° 2 : « Chéri, voudrais-tu aller changer la couche de Frérot, s'il te plaît ? – Euh... (*Silence, réflexion en cours.*) Oui. (*Le cerveau pense qu'il est difficile de dire qu'il ne VEUT pas sans avoir l'air insensible en faisant passer les millions de ces pauvres joueurs avant les urgents besoins de son fils.*) Tout de suite ! »

Même si la différence entre les deux verbes est subtile, la stratégie fonctionne. Même avec les enfants ! IEA ?

de l'imperfection

Faire équipe

Essentiel, le travail d'équipe ? Bien sûr, car il permet à une mère imparfaite de blâmer autrui ! Sans blague, si vous misez sur vos forces combinées plutôt que vos compétences individuelles, vous gagnez en productivité avec une économie d'efforts.

❑ **Décidez à deux.** Mettez Papa dans le coup le plus souvent possible. Demandez son avis avant de planifier l'emploi du temps familial de A à Z, d'écrire le texte dans le bulletin de Fillette ou de choisir entre le CPE* des rejetons exceptionnels et la Garderie des enfants imparfaits pour la cadette. Bref, sollicitez son avis, discutez des différentes avenues et, le cas échéant, accordez vos violons. Cette habitude vous sera utile pour les 18 années à venir.

❑ **Développez l'art de demander sans ordonner.** Ne préférez-vous pas qu'on vous rappelle un acte à faire plutôt que de vous enjoindre de passer à l'action ? Recourez à des questions pour amener le cerveau de Monsieur à faire le déclic : « Y aurait-il, par hasard, une tâche à accomplir ? » Observez ces exemples éloquents : « Est-il déjà vraiment 19 h, mon Minou* ? Il serait temps de penser à mettre en branle la routine du dodo » ; « Chéri ? Venons-nous d'entendre la sonnerie de la sécheuse ? » ; « Tu as faim, ma poulette ? Nous allons te préparer une grignotine ».

❑ **Observez.** Il y a plusieurs façons de faire. Ne commettez pas l'erreur de croire que la vôtre est la meilleure. Papa maîtrise souvent l'art de la simplicité. Voyez comment il arrive au même résultat sans se compliquer la vie. Inspirez-vous !

❑ **Soignez.** Dans le tourbillon de la vie de famille, il arrive souvent d'oublier qu'au centre de tout ce bazar, un couple s'aime. Ne négligez jamais votre bonheur amoureux. Dites à votre homme que vous l'appréciez, même si vous savez qu'il le sait et même si vous le côtoyez chaque jour. Non merci à une routine proche de l'indifférence !

❑ **Ne maternez pas votre douce moitié.** Fiston a certainement besoin qu'on lui dise de ne pas mettre ses pieds sur la table, Bébé de ne pas lécher la télécommande, Fido d'aller roupiller ailleurs que sur le sofa et Fillette de mettre son maillot de bain à l'endroit, car les fesses, c'est plutôt personnel. Dans le feu de l'action, nul besoin d'ajouter sur le même ton, à l'intention de votre chéri, que noir et bleu marine ne sont pas assortis. Respectez votre allié, c'est important.

Plus de travail d'équipe, moins de besogne en solitaire

Cher PapaZen

Mon *chum**, je voudrais te faire une grande révélation : après 11 ans d'amour et d'eau fraîche, 3 enfants, 2 années d'allaitement et 10 000 couches, j'ai appris à te faire confiance : la Confiance avec un grand C. Même si tout cela, parfois, se fait au grand désarroi des enfants. Autant te le dire franchement, tu ne sais pas toujours mesurer ta force en maniant la savonnette à l'heure du bain des petits. Tu assortis parfois leurs vêtements tel un styliste des années 70 (le chandail*, mon Pitou, ne doit pas rentrer dans les pantalons). De plus, quand tu réussis, par un accident de parcours, à coiffer les filles de lulus* (encore, on ne parle pas des tresses), il m'arrive de retenir mon fou rire. En attendant qu'elles te le disent sans détour, je te laisse évoluer à ta manière !

Tu es imparfait, et alors ? Je t'aime comme tu es.

L'imperfection...

Adopter une philosophie gagnante

Un soupçon de modestie, un brin d'indulgence et de l'appréciation sont autant d'ingrédients pour nourrir un bon esprit d'équipe.

❏ **Faites preuve d'indulgence.** Plusieurs auteurs disent que les femmes apprennent tous les jours à devenir mères et qu'elles parviennent à s'adapter à force d'essais et d'erreurs. Cette affirmation va de soi. Alors, pourquoi votre conjoint ne serait-il pas justifié de bénéficier du même droit ? Soyez réaliste : personne n'aime se faire corriger. Il est peu probable que Papa s'écrie, après une critique peu constructive : « Mon amour, merci pour cette belle leçon de vie. Tu es formidable et je suis un abruti ! »

❏ **Remerciez sincèrement (juste ce qu'il faut).** Rappelez-vous que vous jouez un rôle important dans la considération qu'éprouve votre conjoint envers son rôle de père. Dites merci avec sincérité et exprimez votre reconnaissance : tous les couples heureux font ainsi. Toutefois, prenez garde de trouver le juste milieu. Pensez-y : si vous remerciez votre conjoint à chacune de ses contributions que vous jugez « incluses dans le forfait de base », vous entretenez le modèle dépassé de « la mère qui prend tout en main et du père qui donne un coup de pouce ». Si vous ne pouvez vous en empêcher, glissez-lui : « Je suis certaine que les enfants seront contents de ce que tu fais pour eux. »

❏ **Cessez de compter.** Comptabiliser tout ce que votre douce moitié fait draine une énergie mentale considérable. Vous vous efforcez de faire valoir auprès de votre conjoint toutes les petites tâches que vous effectuez pour vos enfants ? Avant de lui énumérer toutes les « affaires nécessaires » que vous aimeriez qu'il fasse, observez si les petits « cossins* anodins » dont il s'occupe avec assiduité ne font pas toute la différence.

❏ **Misez sur vos forces respectives.** Deux têtes valent mieux qu'une ? Assurément. Aucun gestionnaire ne travaille seul ? Absolument. Papa est expert pour jouer aux cow-boys et refaire 32 fois un casse-tête sans se lasser ? Vous êtes la déesse des repas maison équilibrés aussi succulents que ceux du traiteur ? Exploitez vos forces et complétez-vous. Toute la maisonnée en profitera.

Moins de reproches, plus d'accent sur les bons coups

Une fille s'essaie

Je me confesse, j'ai la mauvaise habitude de tout critiquer. TOUT. Quand ce n'est pas fait à ma manière, je suis désorganisée. Quand je connais un truc pour aider à couper les légumes ou à découper une guirlande, c'est plus fort que moi, je le dis. Pourtant, c'est loin d'être drôle dans un duo de *stand-up** parents.

Quand cela m'arrive, j'essaie d'abord de m'en rendre compte. Puis, je me répète que mes reproches ne révèlent rien de la personne que je critique ; en revanche, ils disent tout sur mon caractère exigeant.
Vlan dans les dents !

Déléguer

Sachez mettre de côté votre étiquette de SuperFemme. Faites le choix de demander un coup de main. Oubliez l'orgueil et «je peux le faire moi-même». En prime, Papa sera partie prenante de votre famille.

❑ **Donnez la chance au coureur.** Faites ensemble, relayez-vous ou échangez les rôles pour les routines. C'est ainsi que vous aiderez Papa à s'investir dans la vie de ses enfants. Les temps ont bien changé, et c'est au grand plaisir de sa marmaille qu'il prendra la place de choix qui lui revient.

❑ **Laissez aller.** Ne vous mêlez pas des mandats que vous avez décidé de déléguer. Ne jugez pas. Ne suggérez pas. Mordez-vous la langue plutôt que de formuler ce qui pourrait ressembler de près ou de loin à un commentaire (d'ailleurs, critique-t-il votre façon de faire?). Déléguer, c'est oublier et faire confiance.

❑ **Planifiez.** Déterminez des moments où Papa aura la charge exclusive des enfants. Poussez même l'audace jusqu'à vous éclipser pendant une routine complète. Repas, sieste, bain, dodo, suivi médical: vous avez l'embarras du choix! Cela lui donnera l'occasion d'être plus libre de développer SES façons de faire imparfaites, desquelles vous pourrez vous inspirer librement plus tard. Vous êtes inquiète? De grâce, résistez à la tentation de lui «mâchouiller» la besogne avant de partir. Au mieux, il se débrouillera comme un dieu et épatera la galerie. Au pire, il se conduira en homme et téléphonera à sa mère pour lui demander conseil.

❑ **Laissez-le répondre.** Votre meilleure amie s'informe au sujet de la taille du chandail* que porte Fiston, puisqu'elle veut lui offrir un cadeau? Le médecin demande la quantité de lait qu'il boit par jour? La pharmacienne s'enquiert de son poids pour prévoir la bonne dose de médicaments? Mamie demande quel est son objet fétiche pour la sieste et quel mets il préfère pour son repas afin d'éviter les contrariétés lorsqu'elle le gardera? Faites mine d'être très occupée pour voir comment Papa attrapera la balle au vol. Permettez-lui de ne pas rester bouche bée lorsqu'il s'agit d'énoncer les détails importants de la vie de ses enfants.

Plus de place à Papa, moins de poids sur les épaules de Maman

L'as de l'épicerie*

Avec un peu de pratique, PapaRelax est devenu le champion pour faire l'épicerie avec trois enfants. Je l'avoue humblement, il me surpasse en calme et en efficacité pour mener à bien cette «sortie» familiale. Il peut gérer les sacs réutilisables et les coupons de réduction, surveiller nos deux filles qui parcourent les allées avec leur petit panier, et retrouver la suce* égarée du bébé. Parfois, il pousse l'audace jusqu'à demander des bons différés! Le secret de son succès: je lui délègue la tâche depuis six ans. Je n'ai même plus besoin de lui expliquer la liste, car il s'en offusque. Soixante-douze mois d'expérience m'ont amenée à la rédiger de façon plus que limpide. Un peu plus et j'indiquerais le CUP* des aliments! Enfin, PapaRelax suscite l'admiration des clientes avec ses trois charmantes filles, pendant qu'à la maison, je respire un peu... en faisant du ménage! Ne formons-nous pas une équipe du tonnerre?

Confidences...

Le travail d'équipe, selon PapaZen

La coopération est essentielle dans le couple. Elle assure ce que les entraîneurs de hockey appellent la chimie. Pour préserver cette harmonie au sein de l'équipe parentale, deux concepts sont primordiaux : la répartition des tâches et le respect de la compétence de l'expert.

Il faut d'abord déterminer qui s'occupera de diverses activités en périphérie de la vie familiale, comme le plan de match financier, la stratégie en infériorité numérique (deux adultes contre trois enfants, deux gars contre trois filles) ou l'époussetage dans les coins de la patinoire. On peut attribuer chacune des tâches à l'un des membres du couple, mais idéalement, les équipiers se les partageront pour dissiper les malentendus sur le banc des joueurs.

De plus, l'« expertise » de chacun exige le respect. Si, par exemple, l'équipier Y a « de bonnes mains » ou qu'il est « fort dans le haut du corps », il serait naturel qu'il s'occupe des jeux plus physiques et des travaux manuels. Si l'équipier X est plutôt reconnu pour sa vue panoramique, il composera de façon créative avec la robustesse ou l'indiscipline des juniors non majeurs. On peut certes s'intéresser, poser des questions ou émettre une opinion sur les situations de jeu qui relèvent de la compétence de l'autre, mais s'affirmer soudainement en maître absolu dans un domaine qui n'est pas le sien mérite une pénalité. À chacun son rôle ! Il y va de la paix sociale dans le vestiaire...

Papa d'hier

- Papa fume nerveusement dans la salle d'attente, où il attend que le médecin lui annonce la naissance de son enfant.

- Papa prend la journée de congé à laquelle il a droit pour la naissance de son enfant et dit à sa femme : « Je peux te faire vivre, tu peux arrêter de travailler. » Il lui facilite la tâche en essuyant la vaisselle.

- Papa dort sur le canapé afin de récupérer des forces en vue de garder la forme pour subvenir aux besoins de la famille.

- La conception de Papa d'« être avec le bébé » consiste à l'asseoir sur lui pendant qu'il regarde la télévision ou lit le journal. Il le tend à sa femme lorsqu'il pleure.

- Papa laboure la terre et il bûche*. Il abat des forêts entières et construit des bâtiments. Les enfants le regardent avec admiration et se plaisent à l'imiter dans ses travaux manuels.

- Quand Papa rentre à la maison après une dure journée de travail, sa petite famille l'attend avant de passer à table.

Papa d'aujourd'hui

- Papa regarde Maman faire pipi pour le test de grossesse acheté en pharmacie, s'émeut de la première échographie et assiste aux cours prénataux. Le jour de l'accouchement, il vérifie que les piles sont chargées dans l'appareil photo et pousse au rythme des contractions.

- Papa prend quelques semaines de congé parental, observe avec intérêt la période de la montée laiteuse et apprend à changer des couches.

- Papa est d'un soutien moral certain. Il regarde Maman allaiter toutes les deux heures, de jour comme de nuit, et va jusqu'à lui acheter des feuilles de chou à glisser dans son soutien-gorge pour réduire la douleur.

- Papa joue les psychologues, l'éducateur* de garderie et l'entraîneur sportif. Il donne des bisous et dit « je t'aime ».

- Les enfants écoutent Papa raconter comment il dirige une équipe d'employés et règle des problèmes informatiques. Les enfants se plaisent à penser, tout comme Papa, aux prochaines vacances.

- Si Papa rentre avant Maman de leur journée de travail respective, il perfectionne ses talents culinaires en osant sa spécialité : l'omelette au fromage « micro-ondes ».

de mères imparfaites

Héritiers préhistoriques?

Papa chasseur responsable du ravitaillement, Maman nourricière responsable du maternage de ses petits. Tel était le *modus operandi* de nos ancêtres et celui de nombreuses espèces animales.

Pourtant, aujourd'hui, bon nombre de mamans concilient travail et vie de famille. Et même si certains hommes participent davantage que d'autres, plusieurs mères assument l'entretien de la maison et s'occupent des soins à apporter aux enfants.

Perpétuez-vous la tradition ou avez-vous mis en place de nouveaux aménagements pour adapter votre vie à cette réalité?

« Il y a bien sûr toujours des exceptions, mais globalement, les mères s'inquiètent des gants et des bonnets de laine alors que les pères tendent à les perdre. Les mères guettent constamment l'apparition de maladies horribles, tandis qu'il faut qu'on leur vomisse dessus pour que les pères remarquent quelque chose. »

Libby Purves,
Comment ne pas être une famille parfaite

« Ce qu'un père peut faire de plus important pour ses enfants, c'est d'aimer leur mère. »

Theodore Martin Hesburgh,
président de l'Université de Notre Dame

Défi imparfait

Établissez une nouvelle relation avec Papa. Vous connaissez votre homme de A à Z. Et alors? Ne vous enlisez pas dans des rapports routiniers.

- riez ensemble et faites preuve d'humour dans votre approche;
- laissez-lui la joie d'avoir raison (pour une fois!);
- utilisez vos paroles pour reconnaître ses talents, pour l'encourager et lui dire «merci» (un message écrit fait aussi un effet du tonnerre).

Votre vie a bel et bien changé depuis la venue de vos enfants. Pourquoi ne pas profiter de l'occasion pour jeter de nouvelles bases entre vous?

Privilèges VIP du père imparfait (Very Imperfect Papa)

Papa a le droit de penser:

- qu'il finira son sous-sol pendant son congé de paternité;
- que les céréales pour Bébé avec fruits contiennent une vraie portion de fruits;
- que c'est toute une chance pour Maman d'être en «congé» à la maison avec Fillette et qu'il n'y a qu'à faire la sieste en même temps qu'elle pour récupérer;
- qu'il n'a qu'à oublier plusieurs articles de la liste d'épicerie* pour convaincre sa tendre moitié d'y aller la prochaine fois;
- qu'il pourra justifier ses nombreuses sorties sportives avec ses amis s'il laisse sa douce sortir en solitaire;
- qu'il pourra continuer à lire *La Presse* et à jouer à des jeux vidéo comme s'il était seul au monde.

Ne désespérez pas: avec un peu d'expérience de terrain, il s'apercevra qu'il vit maintenant sur la planète Famille.

Le fameux...

De : Anik

Envoyé : 2 mars 2008

À : Julie

Objet : Sortez-moi d'ici !

Salut, Julie !

Quoi de neuf ? Ici, tout est sens dessus dessous. Avec le bébé qui vient d'arriver, j'ai l'impression que tout s'accumule à un rythme fou. Je n'ai jamais fait autant de lavage de ma vie. Il y a tellement de petits vêtements de filles, que je ne sais plus trop ce qui appartient à qui... Vive le rose et le détachant !

La cuisine est en désordre perpétuel, car je n'ai pas le temps de ramasser au fur et à mesure. Mes deux grandes profitent des moments où j'allaite pour sortir plein de jouets ou de matériel de bricolage. Partout où je pose les yeux, je vois quelque chose qui ne devrait pas y être.

Même après la naissance de notre 3e enfant, je me rends compte que PapaRelax et moi n'avons pas encore trouvé le compromis optimal pour le partage des tâches. Chez nous, c'est on ne peut plus cliché. Moi, la Femme, je me charge de l'organisation générale, des vêtements, de la cuisine et des soins. Lui, l'Homme, préfère le bricolage, les courses, les poubelles et le barbecue en été. Voici ma « théorie de Cro-Magnon », relative au rôle qu'on attendait de l'homme des cavernes : « Sors les déchets de la grotte, chéri, et fais du feu pour rôtir le gibier ! » Exactement.

J'ai l'impression que mon homme ne voit pas la saleté ou, du moins, qu'elle ne le dérange pas. Je devrais prendre exemple sur lui... Je progresse, tout de même. En fin de semaine, j'ai réussi à ne pas le talonner pour qu'il s'active au ménage, ce qui aurait probablement entraîné une chicane ou une mauvaise humeur partagée...

Anik

De : Julie

Envoyé : 3 mars 2008

À : Anik

Objet : RE : Sortez-moi d'ici !

Chère femme des cavernes,

Je te jure, notre grotte n'est pas tellement mieux ! Il n'y a pas un recoin qui n'ait sa part de désordre. Avec la fatigue du début de grossesse, PapaZen a beau faire des pieds et des mains, nous n'arrivons plus à décrasser ce bazar. Un ménage digne de ce nom exigerait des heures d'efforts.

Je suis chanceuse, l'étiquette de PapaZen tire plutôt sur le rose. Si ses congénères préhistoriques ayant appris à coudre un bouton, à faire une brassée ou à repasser une chemise sont rares, je dois dire que le sens de la débrouillardise de PapaZen laisserait même Grand-Mère imparfaite bouche bée !

Je crois que les habitudes d'un couple se forment dès le début. Comme quoi je me félicite de ne pas avoir ri de sa stupéfaction quand il a sorti sa tuque* de laine préférée de la sécheuse* : elle aurait pu faire à un bébé naissant ! C'est l'expérience qui fait son chemin. ;o)

Julie

ménage

De : Julie
Envoyé : 18 février 2009
À : Anik
Objet : Cuisine en détresse !

Bonjour, Anik !

Ça va ? De mon côté, le congé de maternité suit son cours ! J'ai une devinette pour toi. Qu'ont en commun les articles suivants : caramel, verre de lait, bol de croustilles* et dictionnaire ? Eh oui, ces articles traînent en ce moment sur le comptoir ! Et qu'est-ce qui mesure 1 m 80 ? Il s'agit de la longueur qu'ils atteignent, lorsqu'on les aligne en file indienne. Cela correspond à la taille exacte du responsable masculin qui a déposé là ces objets disparates.

J'en suis à me demander si je n'en fais pas une bataille qui m'épuise ou si je devrais ramasser sans rien dire pour passer à autre chose... Devrais-je opter pour l'humour ou la psychologie pour faire passer mon message à PapaZen ? Est-ce que je lui crée, avec ce fatras, une magnifique sculpture contemporaine, intitulée *Souffrance d'un comptoir* ? À suivre !

Julie

De : Anik
Envoyé : 19 février 2009
À : Julie
Objet : RE : Cuisine en détresse !

Salut, Julie !

Que je te comprends ! Moi aussi, j'ai souvent cette impression de faire des demandes, pourtant explicites, qui laissent indifférent le principal destinataire. Je commence à en faire mon deuil. PapaRelax ne dira jamais : « Mes deux activités préférées sont faire le ménage et écouter le hockey. Je ne déteste pas non plus me faire des *lunchs** ou couper les ongles des enfants. »

Voici quelques rudiments de la psychologie masculine que j'ai assimilés depuis le temps (sans toujours les appliquer, je dois l'avouer).

1. Un père ne voit pas ce qui traîne, à moins que ce ne soit vraiment gros. Conseil : suggérer diplomatiquement un examen de la vue.

2. Les demandes, voire les supplications, relatives au ménage entrent par une oreille et sortent mystérieusement par l'autre. Conseil du jour : après avoir pris un rendez-vous pour un examen de l'ouïe pour sa douce moitié, une mère devrait toujours s'assurer d'être entendue. Il suffit d'accompagner ses demandes d'un contact visuel ou kinesthésique sincère et de ne jamais se contenter d'un « hummmm... » en guise de réponse.

3. Les poubelles peuvent devenir le prétexte d'une lutte sans merci si personne ne met de l'eau dans son vin. Situation purement hypothétique : admettons qu'un père descende toutes les poubelles de la maison dans l'entrée pour remplir un grand sac qu'il va porter au chemin. Et admettons qu'il laisse lesdites corbeilles vides dans l'entrée comme élément décoratif pendant un temps record de deux semaines. Conseil avisé : une mère doit se donner une contenance. Tous les trucs sont bons pour y arriver. Des idées ? Respirer à fond chaque fois qu'on veut jeter quelque chose alors que la poubelle se porte disparue, ou prendre son mal en patience et siffler en remontant les poubelles.

Ne me remercie pas. Je suis généreuse de nature. Ces conseils sont gratuits !

Anik

La poussière établit ses quartiers

« Nettoyer une maison pleine d'enfants est aussi efficace que de dégager une allée à la pelle pendant une tempête de neige. »

Phyllis Diller,
comédienne américaine

« Chef de file dans le domaine de l'éducation, notre PME [Petite Maisonnée d'Enfants] est à la recherche d'une personne fiable et énergique pour un emploi de vice-présidente domestique. La personne devra s'assurer de la propreté et du rangement des lieux. Elle aura la charge d'établir les priorités d'action parmi les dossiers chauds. Elle pourra, au besoin, déléguer des tâches à ses subordonnés ou au vice-président des loisirs.

« La vice-présidente devra coordonner la gestion de projet pour les tâches suivantes en s'assurant qu'on les effectue à une fréquence de roulement adéquate et en prévoyant leur échelonnement dans le temps.

❏ passer l'aspirateur

❏ récurer la salle de bain

❏ épousseter

❏ nettoyer les planchers

❏ plier et ranger les vêtements

❏ changer les draps des lits

❏ faire la lessive

❏ nettoyer la cuisine

❏ laver les fenêtres et les miroirs

« Elle devra aussi établir une liste de tâches ponctuelles, habituellement regroupées sous le vocable "Grand ménage du printemps". »

Salaire: bénévolat   Horaire: 7 jours sur 7, de 6 h 30 à 21 h 30

Qualités recherchées:

❏ Vos subordonnés et le vice-président des loisirs pourront refuser de collaborer, feindre d'oublier ce que vous leur aurez demandé ou vaquer à leurs occupations avec une méthode qui défie toutes les lois de l'originalité. Tact, patience et main de fer dans un gant de velours sont de rigueur. Formation en motivation des ressources humaines souhaitable.

❏ Vos subordonnés pourront nuire au bon déroulement de vos fonctions: ils engendreront souvent plus de nouvelles tâches qu'ils seront capables d'aider à faire avancer les travaux. Atouts: réussite des formations *Persévérance 101** et *Optimisme à toute épreuve*.

❏ Une tâche terminée sera généralement à recommencer le jour même, voire dans l'heure qui suit. Perfectionnistes, s'abstenir.

« Visitez www.imparfaite-et-alors.com pour soumettre votre candidature. »

Êtes-vous la principale responsable de l'entretien ménager dans votre foyer? Savez-vous faire preuve de finesse pour que votre douce moitié et vos non moins doux chérubins donnent un coup de main? Devant l'ampleur de la tâche et son constant renouvellement, avez-vous la désagréable impression de ramer à contre-courant et de ne jamais en voir le bout? Sans adopter le credo: « Prenons le virage gris. Vivons dans le désordre, la saleté et les microbes! », vous pouvez obtenir la maison impeccable dont vous rêvez... à condition de réduire vos exigences!

Nettoyer : habitude ou besoin?

« Pourquoi ma maison ne semble-t-elle plus jamais propre? »

Si vous vous posez cette question, sachez que nous avons consulté un mathématicien réputé qui nous a révélé des calculs algébriques étonnants permettant de répondre scientifiquement à cette question.

1re constatation:

$$\text{Si } (h+1), \text{ alors: } (-tm) + s^2$$

(où h = nombre d'habitants d'une maison ; tm = temps disponible pour le ménage ; s = saleté accumulée)

2e constatation:

$$1c + 2f + 3t + 0,5v = -(h)tm$$

(où c = temps en couple ; f = temps pour la famille ; t : temps pour le travail ;

v = temps pour vous ; h = nombre d'habitants d'une maison ; tm = temps disponible pour le ménage)

3e constatation:

$$\text{Si } (h)tdv, \text{ alors: } 1mp > 2mi$$

(où h = nombre d'habitants d'une maison ; tdv = temps de vivre ;

mp = exigences de la mère parfaite ; mi = exigences de la mère imparfaite)

Ce que vous devez comprendre (ou les mathématiques pour les nulles)

1re constatation: le désordre et la saleté accumulés croissent de manière significative lorsque le nombre d'adultes qui composent la famille dépasse deux et devient exponentiel lorsque le nombre d'enfants dépasse un. Conséquence : votre maison sera moins propre.

2e constatation (corollaire du théorème précédent): si vous souhaitez concilier votre vie de couple, votre famille, votre carrière et vos besoins personnels, vous aurez nécessairement moins de temps à consacrer à la corvée du ménage.

3e constatation (corollaire du corollaire): si vous voulez prendre le temps de vivre, vos exigences doivent être moindres que celles d'une mère parfaite!

C.Q.F.D. Êtes-vous prête à relever ce défi?

Ce que la mère imparfaite en moi en pense

« Imperfectionniste »...

Les listes permettent de gagner du temps et d'éviter les oublis. Elles sont utiles pour vous libérer de ce que vous ne voulez pas garder inutilement en tête. Parce qu'elles font partie du quotidien comme les tâches ménagères, utilisez-les pour réfléchir à vos exigences en matière de propreté et d'entretien ménager.

Je raffole des listes. Et alors?

- ❏ les tâches ménagères qui peuvent s'effectuer en moins de 5, 10 ou 15 minutes ;
- ❏ ce que me coûtent des exigences élevées liées à la propreté ;
- ❏ ce que je ressens lorsque notre maison est propre ;
- ❏ ce que mon conjoint fait de sa propre initiative ou les tâches que j'ai en horreur, mais qui ne le dérangent pas ;
- ❏ les tâches que je pourrais déléguer et celles pour lesquelles j'aimerais qu'il m'aide ; comment formuler ma demande ;
- ❏ nos routines de ménage quotidienne, hebdomadaire, mensuelle et annuelle ;
- ❏ ce que je peux confier à mon enfant sous forme de jeu ou de défi ;
- ❏ les listes de « comment faire » qui pourraient faciliter l'autonomie des membres de la famille dans certaines tâches ménagères ;
- ❏ les responsabilités de chacun ;
- ❏ les raisons pour lesquelles je me sens obligée de prendre la responsabilité de la plupart des travaux ménagers ;
- ❏ comment rendre plus agréables les tâches liées au ménage ;
- ❏ les moments que nous pourrions délimiter pour faire des sprints de ménage.

jusque dans mes listes !

« Le premier des bons ménages est celui qu'on fait avec sa conscience. »

Victor Hugo,
Océan

Viser plus en faisant moins

Voici le moment de réfléchir à votre façon de faire le ménage et à vos attentes en ce qui concerne la propreté et le rangement. Remplissez ces cases sans vous comparer à qui que ce soit, mais en faisant état de vos véritables besoins personnels. Que voulez-vous conserver ? Que voulez-vous changer ?

Le ménage:
les bons côtés

Le ménage:
les moins bons côtés

Ce que je désire

« Les ouragans portent tous des prénoms. Ce sont forcément des prénoms d'enfants, à voir tous les dégâts qu'ils causent. »

Anik,
mère imparfaite du 21e siècle

**nettoyer déléguer ranger planifier simplifier réduire organiser
tâches ménagères ménage temps participation des autres ordre
apparence maison exigences propreté routine bien-être
propre rangé épuré**

Mon objectif:

Imparfaite, mais efficace

La parfaite imperfection... j'y suis!

La crème...

Ranger

Prenez une minute pour faire votre deuil de la maison toujours bien rangée et étincelante de propreté. Même avec la meilleure volonté, les bouts de chou imparfaits rendent la mission impossible. Choisissez plutôt quelques actions bien ciblées pour obtenir un espace relativement bien rangé et une propreté adéquate. Sans plus !

❏ **Faites-vous plaisir.** Attaquez toujours de front la pièce qui vous semble la plus urgente, celle qui vous accordera la plus grande satisfaction une fois bien rangée. Une fois la besogne accomplie, prenez le temps de savourer votre soulagement... jusqu'à la prochaine avalanche !

❏ **Déterminez les points chauds.** C'est un fait répandu, les articles qui traînent dans une maison ont un faible pour l'entrée, le salon et la cuisine. Les probabilités sont plutôt élevées que ces zones sensibles se salissent en un clin d'œil. Il serait donc sage (et imparfait !) de leur donner plus d'attention et d'oublier le reste. Votre maison aura l'air beaucoup plus propre sans que le temps alloué au ménage soit nécessairement plus important.

❏ **Simplifiez.** Prenez l'habitude de ranger toujours au même endroit les accessoires de vos enfants. Par exemple, le sac à couches, la vaisselle et les bavoirs de Bébé de même que le sac à dos, les vêtements extérieurs et les collations* de Junior devraient être dans des coins qui leur sont réservés. Faites en sorte que le rangement soit plaisant, rapide et facile : des meubles accessibles et bien divisés ou encore de beaux bacs avec couvercles. Pourquoi faire compliqué quand on peut faire simple ?

❏ **Optimisez.** Faites le ménage tape-à-l'œil. Libérez les planchers et les comptoirs en remettant les objets qui traînent à leur place ou, comble de l'imperfection, en les cachant dans une boîte ou une armoire. De la porte d'entrée, l'illusion sera parfaite.

❏ **Allez droit au but.** Scénario typique : vous entamez le nettoyage de la cuisine et découvrez un savon qui traîne. Vous le portez à la salle de bain, où des vêtements sales vous implorent de les mettre au panier, dans votre chambre. Celle-ci contient un livre à ranger au salon, dans lequel trône la télévision. Vous vous mettez à écouter une émission captivante... pour vous apercevoir, 45 minutes plus tard, que votre cuisine a toujours désespérément besoin d'entretien. Cessez de papillonner d'une tâche à l'autre. Mettez dans un coin les objets à ranger ailleurs et n'y accordez votre attention qu'après avoir fini l'ouvrage.

Plus de petits gestes, moins d'accumulation

Les « défis-ménage »

Avez-vous essayé de ranger 10 traîneries en un temps record ? De programmer votre minuterie et de ne ranger que trois minutes par pièce ? De replacer le plus d'objets que vous pouvez le temps d'une pièce musicale ? De tirer au hasard la pièce que vous rangerez aujourd'hui ? De ramasser les objets qui traînent pendant les pauses publicitaires ? Toutes ces méthodes ont un objectif : limiter le temps passé à ranger tout en vous amusant un peu. Essayez, vous verrez !

de l'imperfection

Planifier

Un ménage efficace passe par une certaine planification. Vous pourrez ainsi cerner l'essentiel et éviter de travailler pour rien ou trop souvent.

❑ **Instaurez une routine.** Choisissez un moment précis pour le ménage. Êtes-vous du type « on s'y met en fin de semaine » ou « on en fait un peu par-ci, par-là » ? Si vous êtes « de type solitaire », vous demanderez au vice-président des loisirs de sortir avec votre enfant pour tisser des liens. Pensez toutefois à négocier des « airs lousses* » en quantité satisfaisante. Vous êtes « de type social » ? Alors, usez de stratégie pour motiver vos troupes à relever ce défi poussiéreux. Enfin, si vous êtes « de type organisé », vous associerez lessive, épicerie*, aspirateur et pauses à certains jours de la semaine. N'oubliez surtout pas la règle d'or : le strict minimum, un *must* !

❑ **Relaxez.** Quoi de plus déprimant que de réglementer ses fins de semaine comme les jours de la semaine ? Ne passez pas vos samedis et dimanches entiers à rattraper le ménage non fait lors des journées précédentes. Ne les passez pas non plus à planifier la semaine qui vient dans ses moindres détails. Vivez le moment présent et reprenez votre souffle !

❑ **Prévoyez.** Comme il y a peu de chances qu'une bonne fée marraine fasse disparaître vos corvées ménagères, évitez soigneusement d'en avoir « ras le pompon » avant de vous mettre à ranger les objets qui traînent. Accordez-vous la faveur d'y passer suffisamment de temps de façon régulière avant de vous laisser envahir par des émotions négatives.

❑ **Alternez.** Chaque mois, choisissez une pièce dont vous ferez le ménage de fond en comble. Au départ, cela vous paraîtra peut-être interminable (selon l'état des pièces) et vous vous imaginerez emprisonnée à perpétuité dans cette cellule domestique. Toutefois, le nettoyage de chaque pièce régulièrement entretenue se terminera de plus en plus rapidement. C'est le principal avantage de cette méthode. Vous aurez donc droit à toutes les libérations conditionnelles que vous souhaitez.

❑ **Associez tâche et plaisir.** Avant d'entreprendre une tâche domestique, planifiez un plaisir simultané. Pliez vos vêtements devant la télévision ou en parlant au téléphone. Faites le ménage en écoutant de la musique. Et si vous avez de la difficulté à mener à bien les deux activités à la fois, laissez-vous aller à votre petit bonheur et lésinez sur le reste.

Plus de planification, moins de travail inutile

Les rendez-vous ménage d'Anik

Planifier son ménage, une idée ridicule ?

Personnellement, je réserve une partie de mon agenda aux tâches ménagères. Mon esprit est beaucoup plus libre depuis. Je n'ai plus l'impression d'avoir oublié quoi que ce soit. J'ai établi un horaire précis et je note ce qui a été réalisé, date à l'appui.

Résultat : la maison est toujours assez propre, aucune tâche n'est mise de côté et ma quantité de travail demeure toujours raisonnable, puisque tout est bien échelonné.

L'imperfection...

Diminuer

Qui a dit qu'il fallait faire du ménage chaque jour ou chaque semaine ? À vous de cerner vos réels besoins pour alléger la tâche.

❑ **Organisez.** Voici une recette miracle : pour ranger moins, il faut organiser plus. Un espace convivial et bien organisé diminuera le temps alloué aux tâches ménagères et leur degré de difficulté. Consultez le chapitre sur l'organisation de l'espace pour d'autres astuces.

❑ **Réduisez.** La fréquence de vos tâches relève-t-elle d'un réel besoin ou d'une habitude ? Un besoin est impérieux quand il y a assez de poils par terre pour faire un deuxième chien ou que la pile de vaisselle sale risque de dégringoler au moindre éternuement. L'habitude est exagérée quand vous nourrissez une envie secrète de ressembler à Bree, le personnage interprété par Marcia Cross dans l'émission *Beautés désespérées (Desesperate Housewives)*. Entre les deux, il y a la mère imparfaite.

❑ **Reconsidérez.** Réévaluez ce qu'il vous en coûte pour respecter des critères de propreté trop élevés. Jonglez avec les concepts de l'ordre, de l'efficacité, de la santé, de la sécurité et de l'esthétisme pour établir de nouvelles normes qui répondront aux besoins de votre famille, et non aux normes fixées par votre mère, Martha Stewart* ou *M. Net*.

❑ **Relativisez.** Même si vous vous sentez débordée, placez toujours les besoins émotionnels de votre famille au sommet de vos priorités. La salle à manger est pleine de miettes, le plancher n'a rien d'immaculé et tous les coussins et oreillers de la maison forment un château gigantesque au beau milieu du salon ? Qu'à cela ne tienne ! Sortez en famille au restaurant ou allez pique-niquer. Vous oublierez la saleté pour un moment en plus de passer du bon temps avec votre famille.

❑ **Jouez au ministre des Finances.** Faites des compressions. Chaque semaine, coupez une tâche. Vous la réintroduirez au budget domestique la semaine suivante.

❑ **Mentez.** Vous n'avez pas le temps de faire le ménage et vous sentez coupable ? Voici le truc par excellence : laissez traîner l'aspirateur dans l'entrée. Vous pourrez toujours dire à ceux qui arrivent chez vous que vous vous apprêtiez à remédier à la situation !

Moins de ménage, plus de création et d'énergie

Moins d'exigences, plus de liberté

Les imperfections de Julie

Quand je reste à la maison, je suis imparfaite et fière de l'être, car je ne fais pratiquement pas de ménage. Je consacre bien quelques minutes à cette corvée, mais uniquement en fin de journée, tout juste avant le retour de mon petit monde. Cela me permet de meubler mes journées par des activités qui me plaisent, ce qui me donne un sentiment d'accomplissement. En attendant à la dernière minute, je passe très peu de temps à m'astreindre à la tâche, je ne risque pas de déplacer les objets rangés en cours de journée et ma maison semble plus propre qu'elle n'en a l'air ! Poussez l'audace jusqu'à avoir l'air vraiment très occupée à faire la vaisselle juste comme ils rentrent ? Pourquoi pas ! Imparfaite, et alors ?

Se faire aider

Révélation-choc: plusieurs femmes considèrent que leur conjoint fait moins que sa part de tâches ménagères (la source préfère rester anonyme). **Constat 1:** Tous contribuent au désordre. **Constat 2:** Personne n'aime ramasser. **Conséquence:** Ne serait-il pas plus juste de partager le fardeau?

❑ **Surveillez votre vocabulaire.** Les mères imparfaites ne font pas «leur» ménage. Elles font «du» ménage. Mieux encore, elles utilisent tous les subterfuges pour solliciter la collaboration de la gent masculine et de la gent enfantine. Tout est dans les petits détails! Ce ménage, cet époussetage et ce lavage ne vous appartiennent pas plus qu'à un autre.

❑ **Demandez.** Il s'agit parfois de formuler une demande pour recevoir de l'aide. N'attendez pas que votre conjoint devine vos désirs, à moins que vous n'ayez mis la main sur un pratique lecteur télépathique (si ça existait, on l'aurait!). Exprimez vos souhaits clairement. Vous pouvez aussi jouer dans le plus subtil en «oubliant» un panier de linge propre à plier dans le salon. Qui sait? La soirée du hockey aura peut-être un nouveau goût?

❑ **Acceptez.** Acceptez que votre conjoint fasse les choses à sa manière. Ne le talonnez pas. Résistez à l'envie de lui donner vos conseils avisés ou de lui faire des listes. Votre couple s'en portera bien mieux.

❑ **Observez.** Analysez les tâches que votre conjoint fait spontanément. Par exemple, s'il préfère le rangement, concentrez-vous sur le ménage. S'il ne peut tolérer un plancher sale et de la vaisselle qui traîne, préparez les repas et faites la lessive. Vous éviterez ainsi bien des batailles inutiles.

❑ **Clarifiez.** Établissez clairement qui fait quoi. De cette façon, vos attentes demeureront conformes à la réalité. Compétitifs dans l'âme? Lancez-vous mutuellement des défis et jouez le jeu jusqu'au bout en infligeant des amendes, s'il le faut.

❑ **Ne calculez pas.** Si vous êtes l'auteure de la révélation-choc en début de page, tentez de considérer les autres implications de Papa dans la vie familiale. Faites plutôt en sorte que vos temps libres – et non vos tâches ménagères – soient à peu près équivalents.

❑ **Engagez.** Faites appel aux services d'une femme de ménage (ou mieux, d'un bel homme de ménage). Pour profiter pleinement du temps passé en famille, c'est le cadeau idéal.

Plus d'aide, moins de travail

Se compléter dans les tâches

PapaRelax n'est pas l'as des tâches ménagères. Par contre, il est le meilleur des pères quand vient le temps de jouer avec les enfants et de les divertir. Considérant cela et le fait que je passe plus de temps avec les enfants le matin et après la garderie, c'est lui qui s'occupe des filles après le repas du soir. Pendant un court laps de temps, je ramasse ce que je peux dans la cuisine. Je rejoins ensuite ma famille pour jouer, puis pour la routine du dodo. Nous rangeons ensemble ce qui reste dès que les enfants sont couchés, puis nous avons bien vite du temps libre. Cette entraide est bien pratique pour nous deux.

Confidences...

« Je déteste faire le ménage. Vous faites le lit, la vaisselle et six mois après, tout est à recommencer. »

Joan Rivers,
présentatrice de télévision américaine

PapaZen, heureux en ménage

J'ai un rapport très singulier au ménage. Premièrement, chaque fois que je fais du ménage, du lavage ou du ramassage, je remercie en pensée mon père qui n'était surtout pas, comme certains hommes de sa génération, une andouille sur la chose... Grâce à ce modèle, j'ai la prétention d'être assez débrouillard également.

Le ménage me fait vivre toute la gamme des émotions. Il y a d'abord le ramassage de ce qui traîne qui, je l'avoue, me fait vivre quelques frustrations. Inconsciemment, je dois estimer que la cueillette de tous ces objets étalés un peu partout constitue une tâche qui, avec un minimum de bonne volonté, est évitable. Il y a ensuite le ménage normal (aspirateur, vaisselle) que je fais de bonne grâce, me disant qu'il appartient aux nécessités normales de la vie. Je le fais très souvent en chantonnant, ressentant une certaine satisfaction. Finalement, mon préféré, le ménage profond : laver les joints de céramique, faire le ménage du frigo, laver « mes » portes vitrées, épousseter les dessus de meubles invisibles à tous sauf aux géants. Ce nettoyage, qui n'a rien de superficiel, me procure un bonheur exquis, l'impression de vivre une expérience, pourtant banale aux yeux de certains, si unique à mes propres yeux. Il faudrait que j'en parle à mon thérapeute...

Défi imparfait

Cette semaine, soyez sans pitié et laissez tomber une tâche ménagère de votre choix. Vous avez plusieurs options. Vous pouvez la déléguer à votre charmant conjoint (demandez avec le sourire). Vous pouvez aussi la déléguer à vos tout aussi charmants enfants (promettez une récompense au besoin). Ou vous pouvez ne pas la faire, tout simplement (laissez-vous alors aller allégrement à la procrastination).

Méritez des points supplémentaires si vous :

– résistez à l'envie de critiquer les méthodes de votre conjoint ou de vos enfants ;

– évitez de leur expliquer en long et en large la « bonne méthode » pour s'acquitter de cette tâche (la vôtre, évidemment) ;-)

– profitez de ce congé inattendu pour prendre du bon temps (et non pour terminer une autre tâche).

de mères imparfaites

Tout ce que vous voudriez savoir,
mais qu'on n'a jamais osé vous dire...

Il n'y a pas de point final, et alors?

« Quand on mesure l'étendue de tout ce qu'il y a à faire, la tentation est grande de jeter le manche après la cognée ou de perdre les pédales. [...] Car si l'on risque tant de se noyer dans un verre d'eau à la maison, c'est que les verres d'eau ne manquent pas! La seule solution [...] c'est le « lâcher-prise ». Faites de votre mieux, même si la bataille est perdue d'avance. »

Richard Carlson,
Ne vous noyez pas dans un verre d'eau – Tome 2 : en famille

Privilèges VIP
de la mère imparfaite
(Very Imperfect Person)

Remettre à plus tard

L'amour-propre de votre lessive ou de votre vaisselle ne sera pas blessé si vous attendez une heure ou même une journée pour vous en occuper.

Ne pas être un modèle de propreté

Les bactéries font partie de la vie et, en prime, cela développe les anticorps!

Ne pas tout prendre sur vos épaules

Vous n'avez pas le mot « ménage » marqué au fer rouge dans le front. Négociez votre description de tâches : les autres membres de la famille doivent faire leur part.

La famille d'abord...

En commençant par passer du temps en famille, le besoin d'attention et d'affection des enfants est comblé.

Parions qu'après ce subterfuge, vous pourrez ensuite vaquer à vos tâches plus librement, ou mieux, prendre du temps pour vous sans que cela ne paraisse.

Mesdames, déculpabilisez-vous

Une fois adultes, vos enfants ne se souviendront pas si vous passiez la vadrouille* dans la cuisine chaque jour, mais ils se souviendront que la maison était un endroit agréable à vivre.

Gardez le sourire!

« Et puis... dites-moi franchement si vous connaissez un homme qui a quitté une femme parce qu'elle était traîneuse. »

William St-Hilaire,
Les femmes en font trop!

Quand l'appétit va...

De : Anik

Envoyé : 12 août 2008

À : Julie

Objet : Nos dimanches gourmands

Bonjour, Julie !

Sais-tu comment transformer la gourmandise d'aujourd'hui en la débrouillardise de demain ?

Facile : Les dimanches gourmands ! C'est notre tradition familiale.

Les filles enfilent tablier et toque de chef et nous nous mettons au travail. Muffins, quiches, lasagnes, sauces à spaghetti, pains maison, gâteaux, croustades ou sorbets aux fruits : voilà, entre autres, ce qui peut être conçu par nos mains expertes. Les filles apprécient ces moments et moi aussi, je dois le dire. Je me sens détendue et les odeurs qui caressent mes narines (quand on ne brûle rien, évidemment) sont des plus agréables. Même si la cuisine est dans un état lamentable vers midi, ce n'est pas grave. Cela oblige PapaRelax à s'occuper des enfants en début d'après-midi et à mener à la sieste AngeCornue, pendant que je nettoie tranquillement en philosophant intérieurement. Et, dans quelques années, je pourrai laisser les filles ranger seules, pendant que je dégusterai un bon dessert frais du jour. Quelle joie !

Anik

De : Julie

Envoyé : 13 août 2008

À : Anik

Objet : RE : Nos dimanches gourmands

Wow ! Anik !

Dommage que tu n'aies pas eu de garçons ! Tes futures brus t'en auraient été éternellement reconnaissantes :-D

De notre côté, PapaZen et moi avons eu une discussion houleuse au sujet de nos repas familiaux.

Personnellement, je suis allergique à toute formulation telle que : « Tu n'as pas assez mangé pour avoir ton dessert... Finis ta viande... Je vais t'aider à manger... ». Je trouve que la crise qui suit le moment où l'on fait mine de donner l'assiette au chien et que les haut-le-cœur qui accompagnent chaque bouchée avalée en pleurant empoisonnent le climat du repas. Je trouve aussi que de donner des cuillerées à une enfant de deux ans et demi est plutôt contrôlant.

J'ai confiance que de rester neutre sans les forcer à avaler quoi que ce soit est la meilleure chose à faire. Je suis à l'aise avec fait de les laisser choisir ce qu'elles veulent dans leur assiette, car je sais fort bien que les aliments qui s'y trouvent sont nutritifs, puisque c'est moi qui les ai cuisinés. Je prends le risque de leur servir 30 fois des champignons, sans rien dire, avant qu'elles daignent y goûter. Si elles nous voient tous les deux en manger, elles finiront par penser que c'est ce que font tous les adultes, non ?

Julie,

qui est consciente qu'il reste un peu de travail à faire pour accorder nos mandolines ;-)

tout va!

De : Anik

Envoyé : 14 avril 2009

À : Julie

Objet : Qu'est-ce qu'on mange ?

Bonjour, Julie !

En forme ? Moi, oui. Mais j'ai une faim de loup et je ne sais pas trop quoi préparer pour le dîner.

« Qui suis-je ? Où vais-je ? Qu'est-ce qu'on mange à midi ? » José Artur a très bien cerné les questions existentielles que je me pose quotidiennement.

Y a-t-il moyen d'avoir une réponse coulée dans le béton à ces questions ? Je me demande pourquoi je n'opte pas tout simplement pour une planification mensuelle des repas. C'est simple : « On est le 14, alors pour dîner, c'est le spaghetti qui est à l'horaire. Le 25, au souper*, c'est un poulet rôti... » Et voilà le travail ! Plus de questions et 60 repas différents par mois, mais la possibilité de se laisser aller à la spontanéité quand l'inspiration y est, évidemment.

Si je ne recours pas à cette stratégie, serait-ce parce que, dans le fond, je suis paresseuse et que la conception d'un tel tableau m'apparaît plus exigeante, à court terme, que de me poser la fameuse question ? Quelle est ta méthode pour arriver à y trouver réponse sans perdre la tête ?

Anik

De : Julie

Envoyé : 15 avril 2009

À : Anik

Objet : RE : Qu'est-ce qu'on mange ?

Salut, Anik !

Je suis peut-être naïve, mais je persiste à croire qu'une exposition répétée à la sempiternelle question : « Qu'est-ce que vous aimeriez manger ? » finit par m'apporter un semblant de réponse. ;-)

Un menu coulé dans le béton pour nous ? Non merci ! J'ai le sentiment que ma vie est réglée au quart de tour, alors j'essaie de ne pas encadrer le domaine culinaire.

Quoique... j'avoue avoir cette manie un peu bizarre de collectionner les recettes. J'ai un faible pour les livres que j'échange à des amies, que j'emprunte à la bibliothèque et que je demande en cadeau. Je découpe les revues et j'imprime les recettes que je trouve sur Internet. Je classe tout avec la minutie d'une bibliothécaire !

Et j'ai honte de dire que je pousse même le zèle jusqu'à écrire les commentaires formulés par ma petite famille. Ils peuvent varier de « cool » à « vraiment très bon, ma blonde* » en passant par « j'ai aimé ça un petit peu, mais pas beaucoup » ou par « est-ce que je peux prendre "huste" un fruit, maman ? »

J'ai beaucoup de plaisir à cuisiner. J'essaie assurément une nouvelle recette par semaine. Quand je suis en panne d'inspiration, j'obtiens tout de même un succès bœuf avec mon « spaghat » ou mon « pâté de Chine* » !

Julie di Stasio*

Cuisiner, manger...

Le générique d'ouverture se fait entendre.

« Aujourd'hui, dit la pétillante animatrice, à *Tout imparfaitement Maman*, nous cuisinons un plat original qui satisfera petits et grands. N'est-ce pas, Chef ?

– Parfaitement, répond le Chef, déjà affairé à ses casseroles.

– Nous répondons à une téléspectatrice qui demande : "Connaissez-vous une recette parfaite pour une famille de cinq personnes, comprenant un papa difficile notoire, une fillette sur les traces de celui-ci, une amatrice quasi végétarienne de pâtes et une carnivore en devenir ?"

– J'y ai réfléchi et je propose des "pâtes-presque-végé-avec-peu-de-légumes-pour-ne-pas-dire-aucun-sauce-à-part" ! répond le Chef, en chantonnant et en claquant des doigts.

– Mais ça me semble délicieux ! Nous aurons besoin de deux tasses de pâtes alimentaires sèches...

– Si vous avez un seul enfant, je conseille de le consulter pour connaître sa préférence pour la forme des pâtes. Par contre, si vous en avez deux ou plus, faites-vous discrète, car ils seront assurément en désaccord. Choisissez ce que vous avez.

– Bon truc ! approuve l'animatrice. Je fais moi-même un mélange de pâtes régulières et de pâtes de blé pour satisfaire tout le monde. Mais dis-moi, Chef, qu'est-ce qu'une sauce "à part" ?

– On me pose souvent la question, répond le cuisinier pragmatique. Il s'agit simplement d'une sauce minute, préparée avec les ingrédients du bord, que l'on sert à côté des pâtes. Les convives sont alors libres de mélanger le tout ou non. C'est un chef réputé de Paris, maman de trois enfants, qui a appliqué en premier le concept dans sa cuisine. Quant aux ingrédients de la sauce, tout dépend de la couleur que préfèrent les membres de la famille. Blanc, rose ou rouge ?

– J'y vais avec la famille ! ose l'animatrice, probablement consciente de son cliché. Allons-y pour le rose puisque c'est à mi-chemin entre le blanc et le rouge.

– Dans ce cas, on opte pour une sauce tomate passée au mélangeur afin de dissuader le plus sceptique de la présence de légumes. On ajoute un peu de fromage à la crème et...

– Chef, où se trouve la viande ?

– Je pousse ici le concept de "sauce à part" un peu plus loin en l'étendant à celui de "presque végé", répond le Chef en réchauffant la sauce. Il s'agit d'offrir du jambon, des saucisses, du poulet ou même du tofu en cubes, au centre de la table pour que chacun garnisse son plat comme il l'entend. L'important est d'utiliser ce qui se trouve dans votre frigo... Et de faire une présentation originale, en forme de chenille ou de chimpanzé, par exemple. Fais-toi plaisir et goûte.

> « Un repas est insipide, s'il n'est assaisonné d'un brin de folie. »
>
> **Érasme,**
> *humaniste et théologien néerlandais*

[138]

– Mium ! s'exclame l'animatrice en s'emparant du nez du primate. Simple, efficace et santé ! »

L'animatrice avale sa bouchée, remercie le Chef puis traverse dans une autre partie du décor, où l'attend une autre collaboratrice de l'émission.

« Nous poursuivons ce détour culinaire avec les comportements à table de vos chérubins.

– Parfaitement, répond la collaboratrice. Il est important de savoir que les repas en famille sont une occasion d'apprendre les bonnes manières.

– Vraiment ! Un peu comme un code de conduite ?

– Par-fai-te-ment. Établissez le vôtre en amplifiant la métaphore avec le rouge, le jaune et le vert. Les enfants comprennent bien le principe.

– Alors, on commence par quoi ? s'enquiert l'animatrice.

– Il y a plusieurs "lumières rouges", explique la collaboratrice en mimant les guillemets avec ses doigts. Se plaindre de la nourriture qui se trouve dans son assiette, hurler parce que c'est trop chaud, cracher parce que c'est trop épicé et se fouiller dans le nez en sont des exemples éloquents. On surmonte la difficulté en disant simplement et ouvertement que ce comportement n'est pas accepté à table. Une question de respect.

– Aïe, aïe, aïe ! Et manger en faisant un boucan d'enfer avec sa bouche ?

– Tout à fait, confirme la collaboratrice en pesant ses mots. Pour convaincre notre trésor de manger la bouche fermée, il suffit de lui apporter un miroir ou de mastiquer en se faisant aller joyeusement les mâchoires devant lui, en exposant sans gêne notre contenu buccal...

– Radical, mais sûrement efficace ! Pour les codes jaunes, on parle des cris à table, j'imagine !

– Oui. Par exemple, se quereller pour telle ou telle place à table ou la couleur de son couvert. C'est irritant, mais on règle facilement cette pagaille en assignant une place permanente à tous les membres de la famille ou en se procurant des couverts neutres, sans effigie de princesses ou super-héros. Nous conseillons d'utiliser cette vaisselle passe-partout jusqu'à ce que ce sujet soit moins émotif. Soit vers 9, 10 ans ou même plus.

– En ce qui concerne les codes verts..., reprend l'animatrice.

– Rien de plus simple. Vous ré-com-pen-sez et en-cou-ra-gez chacun des comportements souhaitables. On parle de se laver les mains avant le repas, de manger assis sur ses deux fesses, de dire "s'il te plaît" ou "non, merci", et même de dire qu'on n'a plus faim alors qu'on n'a pas terminé son dessert préféré.

– Merci, chère collaboratrice, conclut l'animatrice. Au retour de la pause, nous philosopherons sur le thème "Comment avez-vous cuisiné votre vie ?". Demeurez avec nous ! »

Ce que la mère imparfaite en moi en pense

« Imperfectionniste »...

Les listes pour savourer la vie ? Pourquoi pas ! Décrivez vos essais réussis, biffez ceux à ne pas reproduire. Faites l'inventaire de vos aliments favoris, de ceux à essayer et des recettes qui vous valent de bons compliments. Les listes, après tout, peuvent être tellement plus que de banales listes d'emplettes ! Bien utilisées, parions qu'elles vous aideront à planifier et préparer les repas que vous cuisinez tous les jours.

Je raffole des listes. Et alors?

❑ les repas qui font l'unanimité ;

❑ les repas vite faits, bien faits ;

❑ les recettes favorites à essayer avec les enfants ;

❑ les aliments que j'aimerais faire découvrir à ma famille ;

❑ le scénario idéal d'un repas en famille ou en amoureux ;

❑ des recettes pour les *lunchs** et les trucs facilitant leur pré-paration ;

❑ les repas que nous pouvons préparer d'avance et faire congeler ;

❑ ce que nous pourrions manger au lieu des traditionnels repas rapides (*fast food*) ;

❑ nos aliments favoris (qui disparaissent vite et qui occasionnent plusieurs visites éclair à l'épicerie*) ;

❑ les aliments que l'on gaspille souvent (et des façons d'éviter ce gaspillage) ;

❑ des idées de collations* saines pour les enfants et les moyens pour leur en faciliter l'accès ;

❑ mes bonnes habitudes alimentaires, celles de ma famille de même que celles à développer ;

❑ lors de nos repas en famille, le climat est souvent... et nous pourrions améliorer... ;

❑ les comportements irritants des enfants à table et des moyens d'y remédier ;

❑ les façons d'amener mon conjoint et mes enfants à me donner un coup de main ;

❑ ce qui fonctionne bien dans l'organisation physique de notre cuisine et ce qui ne fonctionne pas ;

❑ les raisons pour lesquelles je voudrais mieux organiser notre cuisine ;

❑ comment je pourrais mieux planifier les repas de la famille.

jusque dans mes listes !

« Depuis que j'ai la télé, je mange mieux.
Non pas parce que ma femme cuisine
mieux, mais tout simplement parce que je
ne regarde pas ce qui est dans
mon assiette. »

Anonyme

Viser plus en faisant moins

L'organisation physique de votre cuisine, la planification des menus, la préparation des repas, le climat lorsque toute la famille est attablée... Il y a plusieurs éléments sur lesquels se pencher pour que tout coule sans heurts. Y aurait-il lieu de mieux vous organiser pour mieux profiter des plaisirs de votre table ?

Les bons côtés:
à savourer sans restriction

Les moins bons côtés:
en réduire la consommation

Ce que je désire:
à déguster avec passion

« L'image du livre de cuisine ne correspond
jamais au résultat final. »

Loi de Murphy

Des mots pour s'inspirer, pour réfléchir...

**manger planifier varier cuisiner diversifier goûter déguster
prévoir lister temps plaisir santé minceur climat repas
organisation menu famille saveur agréable
équilibré inspirée créative**

Mon objectif:

Imparfaite, mais efficace

La parfaite imperfection... j'y suis!

La crème...

Planifier pour gagner en efficacité

Qu'y a-t-il de moins excitant que de planifier les menus au programme de la semaine ? Ne pas les planifier, justement ! Courir à l'épicerie*, dégeler à la hâte ce qu'il faut, écouter la litanie des enfants affamés ou manger par dépit un truc commercial qui laisse un arrière-goût de culpabilité... Tout cela ne contribue en rien au climat agréable que vous méritez lors des repas familiaux.

❑ **Prévoyez.** Au choix du chef, trois types de menu. Le menu cyclique, nappé dans une sauce qui s'échelonne sur deux à quatre semaines, est idéal pour les familles à l'horaire régulier. Le menu de la semaine est parfait pour les clients dont les préférences et l'emploi du temps fluctuent. Enfin, le menu du jour répond aux besoins de ceux qui désirent un zeste de spontanéité.

❑ **Inspirez-vous.** Ne comptez pas uniquement sur les (rares) suggestions des membres de votre famille pour planifier les menus. Ayez en main une myriade de recettes pour nourrir vos élans créatifs. Il est pratique de créer un cahier à anneaux personnalisé, pour y consigner les recettes à essayer, celles qui se préparent les yeux fermés et celles qui ont épaté la galerie. Mettez le cahier bien en vue et avisez les membres de votre famille que le prestigieux trophée de la Toque d'or ira à ceux qui s'inspireront du contenu du savoureux document de référence. Avis aux intéressés !

❑ **Listez mieux.** Pour chaque journée de votre menu familial, notez le nom du plat qui sera concocté et, sur votre liste d'emplettes, les aliments nécessaires pour le cuisiner. Avez-vous pensé à la liste d'épicerie* perpétuelle ? Inscrivez-y les aliments achetés fréquemment, répartis selon les rayons de votre supermarché. Il ne vous restera qu'à les cocher. Si vous désirez faire des achats intelligents, indiquez leur prix lorsqu'ils sont en spécial. Vous rassemblez ainsi tous les ingrédients d'une réussite : moins de temps au supermarché, moins de courses la semaine, moins d'achats inutiles et moins d'argent dépensé !

❑ **Optimisez.** Chouette ! Des restes ! Récupérez les fruits, les légumes, les pâtes, les viandes pour une autre recette (desserts, muffins, soupes, sandwiches, salades) qui fera votre bonheur au moment de préparer les *lunchs**. Youpi ! C'est presque prêt ! Lorsque vous manquez de temps pour faire une recette en entier, pensez à couper vos aliments à l'avance, à mariner vos viandes ou à mesurer vos quantités. Hourra ! On le fait ensemble ! Partagez de bons moments avec vos enfants en les faisant participer. Bénéficiez de leur aide réelle... d'ici à une décennie !

❑ **Multipliez.** Cuisinez une fois, savourez plusieurs fois. Préparez une recette en triple chaque semaine pour avoir, au bout d'un mois, une douzaine de petits plats maison congelés. Il fallait y penser !

Plus de planification, moins de questionnements

Horaire variable pour famille occupée

Chaque semaine, je suis imparfaite et fière de l'être, car je planifie le menu hebdomadaire à l'aide de la technique au PC (au «plus court» ! ou au «Choix de la Présidente»). Mon livre de recettes personnel comprend quelques grandes sections : poulet, bœuf, porc, pâtes, œufs... Au moment de consigner notre liste d'achats, je choisis une recette parmi nos préférées dans chaque catégorie et hop ! Voilà qui est réglé ! Les recettes sont dans le cartable*, les aliments dans le frigo. Le premier d'entre nous deux qui arrive à la maison devient le chef : il choisit sa spécialité et se met à l'œuvre ! Manger équilibré lorsque les deux parents travaillent, en plus d'un papa devenu un habile cuistot : qui l'eût cru ? IEA ?

de l'imperfection

S'organiser dans une cuisine organisée

À moins que votre cuisine ne soit votre sanctuaire, si vous ne voulez pas y passer la journée, vous avez intérêt à ce qu'elle soit fonctionnelle. Quelques astuces peuvent vous y aider.

❏ **Repensez votre espace de travail en regroupant ustensiles et ingrédients.** Délimitez différentes zones pour mettre la main en un rien de temps sur ce dont vous avez besoin (un coin préparation, un coin cuisson, un coin enfants et un coin *lunchs**, par exemple). Utilisez des compartiments aux formats variés pour mettre fin au chaos de vos tiroirs et armoires. Rassemblez dans un pot sur le comptoir les ustensiles souvent employés ou accrochez-les au mur. Qui d'entre vous arrive à les trouver dans un tiroir en fouillis avec les mains pleines de farine ?

❏ **Organisez frigo, « congélo » et garde-manger.** Rassemblez les aliments de même nature. Rangez au garde-manger ce que vous utilisez fréquemment et dans la dépense, les stocks en réserve. Dans votre réfrigérateur, regroupez les restes bien en vue pour éviter le gaspillage. Dans votre congélateur, rangez les aliments qui s'apparentent dans des bacs ou des sacs de plastique. Parions que vous gagnerez des minutes précieuses, que vous saurez occuper en discutant avec les vôtres.

❏ **Diminuez.** Vous êtes incapable de vous rappeler la fonction de cet article que vous n'avez pas utilisé depuis longtemps ? C'est le temps d'une cure. Ne laissez pas ces 80 % d'ustensiles de cuisine inutiles se mettre en travers du chemin des 20 % que vous utilisez tous les jours.

❏ **Libérez.** Des comptoirs épurés ont un effet quasi thérapeutique sur le coup d'œil et le moral. N'y laissez que ce que vous utilisez fréquemment. Avis à ceux que cette surface libre ferait saliver : les effets personnels qui y sont déposés sont passibles d'un séjour à vie dans la poubelle du comté de Cuisine Propre ou d'une transformation en avion en papier, destination bac à recyclage.

❏ **Nettoyez vite, au fur et à mesure.** Rincer sa vaisselle dans un fond d'eau savonneuse pendant que l'on cuisine est moins déprimant qu'une pile de vaisselle sale après un bon repas, non ? Félicitez enfants et conjoint qui rangent leur couvert directement dans votre charmant allié lave-vaisselle plutôt que de les entasser dans l'évier. Pour rendre le lavage de vaisselle plus amusant et abattre la besogne en un temps record, parlez au téléphone, chantez ou lancez-vous le défi de devenir la plus rapide laveuse de vaisselle de la ville !

Moins d'objets, plus d'espace et de créativité

Lavez, lavez ! Savez-vous en profiter ?

PapaZen et moi avons un jour commis l'imperfection d'aller tous les deux dans un gîte touristique en amoureux. La sympathique propriétaire vivait dans une maison située sur une île isolée, au large d'une petite municipalité du Bas-Saint-Laurent. « Avec la vue que j'ai », nous a-t-elle confié en désignant le fleuve paisible, « pour quelle raison aurais-je besoin d'un lave-vaisselle ? »

À bien y penser, elle a raison. Pourquoi percevoir la vaisselle comme une corvée alors qu'on peut utiliser ce temps pour penser, méditer, parler avec son homme ou réfléchir à la prochaine imperfection que l'on commettra sans remords ?

L'imperfection...

Bien manger

Vous trouvez difficile de développer de saines habitudes à table ? Il suffit simplement d'un peu de bonne volonté et d'attitudes positives envers la nourriture et les comportements alimentaires.

❑ **Faites preuve de créativité.** Vos enfants, comme tous les autres, résistent à la nouveauté ? Devenez un as du camouflage. À cet égard, un peu de fromage fondu sur des légumes fait généralement fureur, tout comme un potage crémeux aux légumes. Jouez de finesse en misant sur la présentation : une forme amusante, une belle assiette, une paille, une trempette* et même, un nom évocateur ! Qui résiste à une assiette colorée qui contient des petits pois de super-héros, une salade aux framboises et sirop d'érable ou des sandwiches découpés à l'emporte-pièce ?

❑ **Enrichissez.** Il suffit parfois de peu pour rendre un repas plus complet. Votre enfant raffole des pâtes à la sauce tomate ? Utilisez des pâtes de blé pour un supplément de fibres. Ajoutez des cubes de tofu ferme, du fromage ou du jambon, vous obtiendrez vos protéines. Ajoutez des graines de lin moulues, des crevettes ou du thon, et voilà votre dose d'oméga-3. Râpez des légumes ou broyez-les en purée pour ajouter des vitamines. Motus et bouche cousue !

❑ **Soyez un modèle.** Manger des choux de Bruxelles devant votre enfant vaut mieux que tous les discours sur les vertus de ce légume vert. Il en mangera probablement, un jour, et pour toute la vie... si vous n'en faites pas tout un plat aujourd'hui !

❑ **Permettez.** Alors qu'une petite voix vous murmure sûrement que vous devriez faire comme si les friandises n'existaient que dans un monde parallèle, gardez en tête que les aliments interdits deviennent automatiquement plus désirables. Bienvenue dans le club des gourmands heureux, où une saine modération a bien meilleur goût !

❑ **Faites confiance.** Laissez à votre enfant le soin de décider de la quantité de nourriture qu'il souhaite ingérer. Permettez à votre jeune de développer sa capacité à savoir ce dont son corps a besoin et d'écouter ses signaux de faim et de satiété. Alors que votre rôle parental consiste à lui offrir des aliments sains, celui de votre enfant est de décider combien il en mangera.

Plus de variété, moins d'interdictions

Encore trois bouchées...

Si, au sens propre du terme, «manger son assiette» peut s'avérer très indigeste, il n'en demeure pas moins que plusieurs parents souhaitent que leurs enfants terminent son contenu pour mériter un dessert. Cela va toutefois à l'encontre des besoins naturels des enfants. Pourquoi ? Parce que le petit, qui a le goût d'un dessert, se force à manger davantage que nécessaire pendant le repas principal afin d'avoir le droit de se sucrer le bec. Le dessert devient alors une récompense pour avoir consommé tous les aliments principaux qui, de leur côté, perdent leur attrait, puisqu'il est obligatoire de les avaler.

Les enfants ne devraient-ils pas cesser de manger quand ils sont rassasiés ?

au quotidien

Agrémenter

Si le contenu de l'assiette est important, le contexte dans lequel vous mangez l'est tout autant. Les repas en famille devraient être agréables et chaleureux, et non une bataille permanente sur ce qui sera ingurgité ou non.

❑ **Invitez.** Servir le repas familial et les collations* à des heures régulières. Toute la famille pourra ainsi planifier son horaire en fonction du repas. Les estomacs devraient s'assagir s'ils savent qu'ils seront bientôt satisfaits. Instaurez un rituel de repas où tous les personnages de *Cornemuse** et de *Toc Toc Toc**, et les appels de télémarketing de cette planète n'ont pas leur place. Certains membres de la famille ont la manie de se présenter en retard ? Qu'à cela ne tienne, les derniers arrivés devront desservir la table et faire la vaisselle !

❑ **Décorez.** Rien de plus invitant qu'une table bien mise et une salle à manger décorée avec goût. Bien que vos petits artistes hésitent encore entre l'art abstrait et l'art contemporain, leur participation à la décoration les remplira de fierté. Soyez créatifs : insérez les dessins dans des cadres ou épinglez-les au mur ; créez napperons et centres de table, jouez avec les couleurs... Pensez aussi à pimenter l'atmosphère en créant une ambiance digne du pays présent dans votre assiette. Un repas dans le Sud par une froide journée de février ? Un délicieux pâté chinois* dans un décor oriental ? Pourquoi pas !

❑ **Discutez.** Bien que les conversations informelles conviennent la plupart du temps pour meubler le repas, il peut s'avérer amusant de diriger ces discussions de façon plus structurée à l'occasion. Le conseil de famille constitue un excellent procédé, tout en présentant des avantages importants sur le plan de la cohésion familiale et de la gestion des demandes et des conflits. Quatre questions peuvent être à la base du conseil : qui a des félicitations à faire, qui a des critiques ou conflits à régler, qu'est-ce qui est prévu cette semaine et qui a des demandes spéciales ? Vous souhaitez habituer vos enfants à apprécier la vie ? Ajoutez ces deux questions : qu'est-ce que vous avez aimé faire cette semaine et qu'est-ce que vous êtes contents d'avoir (objet, personne dans l'entourage...) ?

❑ **Jouez.** Le moment des repas peut aussi constituer l'occasion idéale de s'amuser. Devinettes, calcul mental, questions pièges... Soyez créatif et laissez vos enfants inventer des jeux, même si vous ne comprenez à peu près rien aux règlements en 72 étapes qu'ils tentent de vous expliquer.

Plus de plaisir et d'ambiance, moins de conflits et d'ennui

Les repas thématiques : pratiques et pratiquement sans effort

Pour que ce soit simple tout en donnant un peu de saveur à nos repas de semaine, nous avons le lundi-poulet, le mardi-pâtes, le mercredi-végé, le jeudi-bœuf et le vendredi-fête, alors que nous commandons notre repas du restaurant.
Font aussi fureur, tant pour les enfants que pour les parents : le « souper*-déjeuner » (rôties*, céréales, crêpes et pain doré*) et le « souper-pique-nique » (baguette de pain, charcuteries, fromages, fruits et légumes servis imparfaitement dans leur emballage d'origine). Quant au « buffet à volonté », chacun est libre de se servir des restes que contient le frigo.

Confidences...

Privilèges VIP de la mère imparfaite (Very Imperfect Person)

Laissez-vous aller à...

- préparer un repas que VOUS aimez, même si vous savez que les autres pousseront les hauts cris ;
- offrir un menu unique pour satisfaire tout le monde ;
- refuser de vous lever pour répondre aux multiples demandes de vos rejetons lorsque vous avez commencé à manger ;
- ne pas obliger vos enfants à manger des légumes, mais en mettre à chaque repas dans leur assiette ;
- utiliser les bonbons comme outils de négociation ;
- ne pas toujours être un modèle de saine nutrition, pourvu que votre relation avec la nourriture constitue un sain modèle.

Pourquoi manger en famille?

« Les familles qui choisissent de faire du souper traditionnel un rituel quotidien bénéficient d'une plus forte cohésion et d'un sens plus développé de la famille. En outre, les enfants de ces foyers ont une meilleure alimentation que ceux qui grignotent à longueur de journée ou mangent seuls sur le bout du comptoir. Ils s'alimentent mieux à la maison, font des choix plus judicieux à l'extérieur et développent leur goût pour une gamme plus variée d'aliments. »

Marie Breton et Isabelle Émond,
À table en famille
Recettes et stratégies pour relever le défi

Défi imparfait

Cette semaine, lancez un défi de cuisine à vos copines. Échangez-vous une ou deux de vos recettes familiales préférées prêtes en moins de 30 minutes et qui font l'unanimité. Puis, installez-vous à vos fourneaux ! Voilà de quoi élargir votre répertoire d'idées gagnantes.

Ajoutez du piquant en effectuant cet essai à l'aveugle, c'est-à-dire en gardant anonyme l'auteure des chefs-d'œuvre culinaires puis en évaluant chaque recette. Celle qui obtiendra la faveur du jeune public vaudra à son auteure un repas au restaurant, payé par l'ensemble des participantes.

Ange et démon...

Si votre « chérubin » est en fait un petit démon et qu'il se comporte à table de façon inacceptable, armez-vous d'une patience d'ange dans des ailes de fer.

Aussi souvent que nécessaire, retirez votre enfant s'il est en crise et réinvitez-le à partager votre table une fois calmé. Si la crise perdure, mettez son assiette au frigo. Vous pourrez toujours la réchauffer en temps et lieu. N'oubliez pas : l'ambiance à table est sacrée et nul ne devrait la gâcher.

de mères imparfaites

Les 10 commandements d'une maman

1. Servir des aliments sains.
2. Respecter un horaire régulier de collations* et de repas.
3. Maintenir un climat agréable aux repas.
4. Manger en famille.
5. Exprimer ses attentes quant aux comportements appropriés.
6. Donner l'exemple.
7. Faire confiance à son enfant et en sa capacité de savoir la quantité d'aliments dont il a besoin pour grandir.
8. Accepter sans rien dire que son enfant ne termine pas son assiette.
9. Ne pas faire du dessert une récompense. Un petit repas équivaut quand même à un petit dessert.
10. Ne pas interdire les friandises et les petites douceurs (vous y avez droit vous aussi, d'ailleurs...).

Non, c'est pour les grands!

Il existe une façon simple et efficace de susciter la curiosité alimentaire des enfants. Empêchez-les de goûter à un nouvel aliment en prétextant que c'est de la nourriture de grands qu'ils ne pourraient aimer. Parions qu'ils voudront y goûter. Ils insisteront même pour savourer vos tomates séchées ou vos asperges.

« La gastronomie est l'art d'utiliser la nourriture pour créer le bonheur. »
Theodore Zeldin,
historien et sociologue britannique

« Cuisiner suppose une tête légère, un esprit généreux et un cœur large. »
Paul Gauguin,
peintre et sculpteur français

La recette de PapaZen

Peut-être trouverez-vous mon analogie un peu boiteuse... J'ose affirmer que cuisiner pour la famille, c'est comme donner un bon encadrement aux enfants : un savant mélange de routine et de créativité. En cuisine, comme pour l'éducation, chacun des parents contribue à cette recette. Aux yeux des enfants, ma conjointe représente ce petit côté frivole dans la cuisine. Si c'est compliqué, il faut demander à Maman. Une nouvelle recette au souper* ? C'est certainement Maman qui l'a préparée...

Dans la cuisine, je suis la routine. Les enfants savent ce qu'ils peuvent me demander : les rôties* le matin, le pâté chinois* et le gâteau aux biscuits. De plus, ils savent que si je me lance dans quelque extravagance culinaire, l'accompagnement sera invariablement des petites carottes. Ils ne s'en plaignent d'ailleurs pas. Tous les psychologues le diront, les enfants trouvent certaines habitudes rassurantes. Qui plus est, l'important n'est-il pas de participer?

Quand maison...

De: Anik
Envoyé: 15 avril 2007
À: Julie
Objet: ABC de l'organisation

Salut, Julie !

En forme ? Moi, oui ! Ma lecture du livre sur l'organisation m'a donné pas mal de trucs que je voudrais mettre en pratique. Je suis vraiment motivée à mettre de l'ordre dans mon bric-à-brac. Je voudrais avoir tout fini en un éclair !

J'ai établi un plan d'action. Je fais faire une pièce à la fois, un étage à la fois. Je commence par les chambres, car elles représentent un défi juste assez grand pour un départ. Notre plus gros problème est que plusieurs articles n'ont pas de place. On aimerait les ranger, mais où ? On les laisse donc traîner ici et là, mais toujours à un endroit différent ! *Fiesta* !

Mon rangement d'hier a été efficace. J'y ai passé la journée pendant que PapaRelax amusait les enfants. Imagine : après avoir assigné un endroit précis pour ranger ce que je trouve important de garder, on a près de quatre gros sacs à donner et on a jeté l'équivalent d'un grand sac-poubelle ! Avant cette «transformation majeure», j'avais plus de choses que d'espace. Maintenant, c'est l'inverse : j'ai des espaces vides que je trouve bien agréables à contempler ! Il me reste des objets à rapatrier, que j'ai rangés temporairement dans une boîte ; alors j'ai vraiment l'impression que mon 2e étage est bien rangé.

J'ai fait la salle de bain à petites doses pendant que les filles prenaient leur bain. Je suis tellement encouragée que je pense attaquer notre mont Everest : le garage !

Anik

De: Julie
Envoyé: 16 avril 2007
À: Anik
Objet: RE: ABC de l'organisation

Bonjour, Anik !

Wow ! Bravo ! Moi aussi : depuis que j'ai lu ce livre, j'ai envie de passer à l'action.

Le concept de zones d'activité m'a beaucoup parlé. J'ai donc réfléchi aux activités que notre famille avait l'habitude d'accomplir dans le salon et je n'ai gardé que les objets correspondants. *Bye-bye* le reste ! J'ai ensuite créé des zones : télé, lecture, jeux, détente. Hyper facile !

Il fallait que je me parle sans quoi je devenais experte en slalom. Quand j'allais porter ailleurs les articles qui avaient élu domicile au salon, je voyais une autre chose sur mon chemin qui me suppliait de m'occuper d'elle sur-le-champ. «Résultats rapides. Cesse de t'éparpiller.» C'est ainsi qu'en deux heures, notre salle familiale avait une toute nouvelle allure.

Je suis plus motivée à «organiser» la maison qu'à faire le ménage. Pourtant, au visuel, le résultat est le même ! Comme quoi cela se passe dans la tête.

Julie

rime avec organisation

De : Julie
Envoyé : 7 juillet 2007
À : Anik
Objet : C'est beau

Salut, Anik !

Youpi ! Mes beaux-parents sont venus et ils nous ont dit que la maison semblait plus à l'ordre que d'ordinaire. Devrais-je le prendre comme un compliment ? :-) Il me semble que le ménage se fait en un clin d'œil maintenant.

PapaZen soupire parfois en regardant mes étiquettes collées un peu partout. Il me vire un œil, l'air de se dire : « *J'ai hâte que ça lui passe* ». Je concède que cela a l'air un peu fou. Mais le fait de ne plus invoquer saint Antoine de Padoue pour trouver nos affaires lors des départs pressés du matin et celui de ne plus passer sept heures à faire du ménage pour recevoir nos amis, voilà qui me satisfait !

Je ne te dirai pas que j'aime regarder mon comptoir épuré (et qu'en plus ça me fait du bien !), au risque que tu penses que la folie me guette. :-D

Julie

De : Anik
Envoyé : 8 juillet 2007
À : Julie
Objet : RE : C'est beau

Salut, Julie !

Toujours heureuse de tes comptoirs ? Ici, c'est mon sous-sol qui fait maintenant mon bonheur (ou presque). On dit que les fins de semaine existent pour se reposer, mais dans mon cas, j'ai toujours envie d'organiser notre espace et d'améliorer les lieux.

Hier, j'ai littéralement passé la journée à combattre le chaos de ce fameux sous-sol. J'ignore comment on fait pour avoir autant de jouets dans un si petit espace. « Tu as une garderie ? – Euh... Non, seulement trois enfants... » J'essaie de magasiner plus intelligemment en me demandant pour chaque achat s'il est essentiel, utile ou fantaisiste. Je tente même de me départir d'un article semblable à celui que je viens d'acheter... Mais il y a toujours des gens pour me donner des trucs intéressants que je me vois mal refuser. Résultat : j'accumule plutôt que de réduire.

Je me suis inspirée de ma classe de maternelle pour organiser la salle de jeu. J'ai divisé la pièce en coins de jeu pour que les filles puissent se concentrer sur une activité à la fois. J'ai aussi tenté de ranger le matériel où il sera utile. J'avais acheté de petits bacs de couleur, alors j'ai tout classé le matériel de bricolage par catégories. J'imagine déjà le défi des filles de respecter cet ordre ! Ma rengaine est prête : « Une place pour chaque chose, chaque chose à sa place ! Si tu ne veux pas ranger longtemps, alors n'en sors pas trop ! » Je prendrai un air théâtral pour leur dire combien il est agréable de faire du rangement quand chaque jeu a sa maison et qu'il suffit de regarder les pictogrammes (bah ! j'ai poussé la métaphore jusqu'au bout).

Malgré ma volonté de fer à créer de l'espace, je suis un peu surprise, car je ne suis pas arrivée à me débarrasser de grand-chose. Devrais-je me départir des jouets de bébé ou les conserver au cas où nous déciderions d'avoir un 4e enfant ? Qui sait !

Anik

À la conquête...

(Avertissement ceci est un message publicitaire payé par l'Institut JDR.)

Bébé arrive, la famille s'agrandit : votre lieu de résidence est soudainement rempli à craquer. Votre maison subit une métamorphose digne des revues de décoration. Suivez notre guide et voyez comment transformer un espace douillet en un lieu grouillant de vie.

Étape 1 de la métamorphose (32 semaines de grossesse) : décoration pour les nulles. Aménagez une nouvelle chambre aux couleurs douces dans votre bureau. Rapatriez donc son imposant contenu dans un autre coin de la maison. En attendant la solution miracle, optez pour la nouvelle tendance déco « empilage de boîtes de carton » pour entreposer vos papiers dans la chambre de Bébé. Les teintes de brun, de marron et de beige foncé sont très en vogue : vos boîtes de carton ajouteront définitivement un élément de charme à la pièce.

Étape 2 (dès l'arrivée de Bébé à la maison) : opérations lessive et sortie. Sous l'envahissement de la zone sensible que constitue la salle de lavage, emplissez les espaces libres de cette pièce par une armée de petits vêtements souillés dont il faut s'occuper immédiatement. Très tendance. Ajoutez un soupçon de joyeux désordre dans votre entrée en y faisant trôner fièrement un sac à couches débordant d'articles. Faites preuve d'humour en omettant d'y inclure l'élément le plus utile pour répondre à un urgent besoin.

Étape 3 (au moment où Bébé commence à manger) : métamorphose de votre cuisine. Alignez sur votre comptoir, votre îlot et votre rebord de fenêtre divers effets utilitaires : biberons, ustensiles, petits bols, purées et céréales pour bébé. Pour ajouter une touche de Feng shui au décor, disposez çà et là les bavoirs et les débarbouillettes* qui transiteront par votre cuisine à un rythme effréné.

Étape 4 (au moment où Bébé commence à se déplacer) : alternance de juxtaposition et superposition. Pourquoi concentrer le nécessaire de Bébé dans sa chambre ? Chaque exemplaire des articles du catalogue du magasin Babies'r'Us mérite sa place au soleil. Votre maison aura l'air plus habitée si de nombreux jouets et petits livres s'éparpillent un peu partout. Laissez libre cours à la créativité de votre bambin en le laissant lui-même déplacer ses toutous et bricoles dans des lieux insensés et farfelus.

Félicitations ! Vous avez franchi toutes les étapes pour que votre maison se désorganise le temps d'un soupir. Vous pouvez maintenant en profiter pour perdre votre temps à chercher vos divers objets ou vous cogner à loisir les doigts de pied contre les nombreuses babioles de votre enfant. Sinon, une option s'offre à vous : réorganiser votre maison. N'ayez crainte, l'Institut JDR saura vous aider.

À l'Institut JDR, notre philosophie pour la métamorphose de votre foyer :
ne jamais passer à l'action sans réflexion.

de mon espace

L'Institut JDR : pour une réorganisation complète de votre intérieur et une demeure à votre image

Anik, maman de trois enfants, souffre du syndrome de l'*accumulus detritus*. Lisez son poignant témoignage.

« Depuis ma tendre enfance, j'ai toujours ressenti le besoin d'accumuler tout ce qui me tombait sous la main. Petite, je collectionnais tous les objets qui pouvaient, de près ou de loin, me servir à bricoler. Une fois en appartement, j'ai continué à accumuler : des livres et des notes de cours potentiellement utiles pour mon travail d'enseignante, des jouets pour mes éventuels enfants, et j'en passe. Avec le temps et la venue des petits, ma lubie s'est élargie. Je gardais ma mini-jupe fleurie et le jean que je n'avais pas portés depuis quatre ans, en me disant que, comme ils me faisaient toujours, je les porterais sûrement encore. Je conservais mon troisième ensemble de vaisselle bleu pâle, attendant que les couleurs pastel reviennent à la mode. Je courais les ventes de garage* : j'ai tellement « économisé » sur les jeux et jouets que j'aurais pu fournir une garderie tout entière. Bref, tout ce qui entrait chez moi pouvait y établir ses quartiers en toute tranquillité, le bail étant à vie. Un jour, j'ai craqué. Trop, c'était trop ! J'étais mûre pour un changement en profondeur. C'est pourquoi j'ai décidé de recourir aux services de l'Institut JDR.

« À l'institut, on m'a proposé une technique de base pour une métamorphose du foyer réussie : la technique JDR, aussi appelée Je DébarRasse. J'ai donc pu entamer doucement, mais sûrement, la transformation de ma maison.

« Les gens de l'Institut ont été d'un véritable soutien pour moi. Ils m'ont aidée à effectuer une première étape essentielle d'organisation : cerner mes besoins et analyser ce qui allait bien et ce qui devait être amélioré. Il me fallait aussi choisir par où commencer, pour éviter l'épuisement et le découragement. En discutant avec ma conseillère, j'ai déterminé mon premier objectif : organiser ma penderie. Petit défi pour débuter, pensez-vous, mais il y avait beaucoup à faire pour appliquer la technique JDR.

« J'ai foncé et mis en pratique la technique sans aucune pitié. J'ai jeté (ça, c'est le J) tout ce qui n'était plus utilisable par personne. J'ai donné (le D) ce qui ne m'apportait plus de plaisir. J'ai aussi recyclé et rangé (le R). Je me suis sentie envahie par un agréable sentiment d'accomplissement.

« Je n'oublie pas, en maman imparfaite que je suis, que ma maison demeure un endroit pour vivre et bouger. J'apprends à tolérer un certain désordre, mais je prévois des moyens d'y remédier sans trop d'efforts, car j'applique la technique JDR régulièrement. Merci JDR ! »

Ce que la mère imparfaite en moi en pense

« Imperfectionniste »...

Les listes n'ont pas toujours bonne réputation. Certaines les jugent inutiles. D'autres déplorent les efforts fastidieux qu'elles exigent. Les listes griffonnées à la hâte sur un bout de papier finissent souvent à la corbeille. Pourquoi ne pas apprendre à en tirer parti plus intelligemment ? Utilisez-les ici pour entamer une démarche de réorganisation de votre espace et pour réfléchir avant de passer à l'action.

Je raffole des listes. Et alors ?

- ❏ les objets que notre famille possède en trop, qui ne sont plus utilisés ou qui ne nous apportent plus de plaisir ;
- ❏ les objets offerts par une personne chère, mais qui nous encombrent ;
- ❏ ce que je ressens quand notre maison est bien rangée et quand elle est en désordre ;
- ❏ ce que nous pourrions éliminer, donner ou vendre ;
- ❏ les vêtements que je ne porte jamais (comme ceux que je garde depuis des années pour faire de la peinture !) et les vêtements de ma garde-robe idéale ;
- ❏ les objets qui n'ont pas de place dans notre maison ;
- ❏ les endroits toujours embourbés chez nous, les sources du problème et comment nous pourrions y remédier ;
- ❏ les cinq activités que nous aimons faire dans la pièce X, les accessoires qui seront nécessaires et l'endroit où nous allons les ranger ;
- ❏ les raisons pour lesquelles je veux mieux organiser notre espace ;
- ❏ ce qui me motivera à poursuivre le tri et à assigner une place aux objets que nous voulons garder quand je serai découragée en cours de route ;
- ❏ les objets que nous avons cherchés au cours du dernier mois.
- ❏ les raisons pour lesquelles je voudrais mieux organiser notre cuisine ;
- ❏ comment je pourrais mieux planifier les repas de la famille.

jusque dans mes listes !

> « Le désordre est simplement l'ordre que nous ne cherchons pas. »
>
> **Henri Bergson,**
> *La Pensée et le mouvant*

Viser plus en faisant moins

Voici le moment de réfléchir pour mieux réorganiser votre espace. Placez-vous au centre de la pièce que vous voulez organiser. Établissez ce qui va bien dans votre système d'organisation afin de le reproduire dans une zone problématique. Détectez aussi ce qui ne fonctionne pas pour diriger vos efforts aux bons endroits. Déterminez les objets dont les membres de votre famille ont besoin pour réaliser leurs activités dans cette pièce et trouvez des solutions créatives et efficaces de les y ranger. En procédant à une bonne analyse, avant même de lever le petit doigt, vous obtiendrez des transformations radicales en quelques heures à peine !

L'organisation de notre epace : les bons côtés

L'organisation de notre espace : les moins bons côtés

Ce que je désire :

« Au fond, est-ce que ranger ça ne revient pas un peu à foutre le bordel dans son désordre ? »

Philippe Geluck,
auteur, illustrateur et chroniqueur belge

Des mots pour s'inspirer, pour réfléchir...

organiser épurer désencombrer donner recycler jeter réorganiser
vendre catégoriser maison rangement bric-à-brac désordre espace
fouillis fonctionnel superflu rangé facilité

Mon objectif:

Imparfaite, mais efficace

La parfaite imperfection... j'y suis!

Attaquer le fouillis

Devenez archéologue. Faites des fouilles dans vos espaces de rangement. Vous découvrirez sûrement que plusieurs vestiges de votre vie passée devraient prendre l'une des routes suivantes : la cachette secrète, les dons, le recyclage, le compte bancaire ou les poubelles.

❏ **Rangez subtilement.** Garnissez un coin-débarras, bien caché, de tous les produits au sort incertain. Lors d'un samedi vraiment très pluvieux, jetez un coup d'œil à ces articles délaissés et faites le tri. Ce qui n'a pas été utilisé depuis un moment mérite qu'on le donne, récupère ou jette.

❏ **Donnez.** Il s'agit de la façon la plus imparfaite de dire au revoir à ses objets superflus. C'est simple, généreux et écologique, en plus d'être très peu émotif et coûteux en efforts. Déposez vos effets dans les grands contenants installés ici et là dans votre quartier par certaines œuvres de charité ou profitez de leur service de cueillette à domicile. De leur côté, les bibliothèques acceptent souvent les dons de livres tandis que vos voisins récupéreront rapidement les objets disposés à côté de la pancarte «à donner» trônant devant votre maison. Vous pouvez également acheminer un courriel à vos amis annonçant la liste des inestimables trésors dont vous souhaitez vous départir afin que les intéressés se fassent connaître rapidement.

❏ **Recyclez.** Soyez créative et cherchez à voir comment réutiliser les reliques que vous n'utilisez plus. Les appareils technologiquement dépassés ou non fonctionnels peuvent être déposés dans certains magasins à grande surface ou dans des organismes d'insertion sociale où ils seront recyclés. Les objets utilitaires qui ne vous apportent plus de plaisir pourraient devenir d'excellents cadeaux imparfaits. Vous n'aurez qu'à mettre cet élan d'imagination farfelu sur le compte des enfants. Pensez aussi à faire parvenir certains articles à la garderie ou à l'école, pour bricoler ou démonter.

❏ **Vendez.** Utilisez les sites Internet de petites annonces gratuites pour vendre vos biens. Mise en garde de votre conseiller en gestion du temps : la vente d'objets nécessite qu'on y consacre un certain temps. En disposez-vous ?

❏ **Jetez.** Si les objets n'ont emprunté aucune des routes précédentes, une mère imparfaite est en droit de jeter. Après tout, ce qui est abîmé ne servira plus. Pensez à disposer, en toute quiétude, des œuvres d'art en trois dimensions de votre enfant. Si votre petit artiste possède un portfolio déjà très étoffé, photographiez ses créations avant de leur faire subir une mystérieuse disparition. Vous pourriez aussi les offrir à ses grands-parents ! Vous éviterez un autre acte théâtral.

Moins de possessions, plus d'espace et d'air vital

Une question d'utilité et de plaisir

Lorsque je passe au peigne fin ma panoplie d'objets, je me pose quelques questions existentielles :

– Quelle est la proportion de sueur/plaisir que m'apporte l'objet en question ?

– M'est-il toujours utile et à quelle fréquence ?

– Est-il important ou précieux pour moi ?

– Me permet-il d'atteindre mes objectifs ?

– Me simplifie-t-il la vie ?

– Est-ce que je le garde pour faire plaisir à quelqu'un ?

– M'encombre-t-il la vue et a-t-il une autre fonction que de ramasser de la poussière ?

– Est-il en double ou en triple exemplaire ? (Un 32e verre est-il vraiment nécessaire ?)

de l'imperfection

Organiser... l'espace familial

Plusieurs endroits de votre logis sont communs à tous : l'entrée, la cuisine, le salon, les salles de bain. Après cet audacieux périple qu'est la campagne JDR, il suffit de quelques astuces pour rendre la cohabitation agréable.

❏ **Dans l'entrée : multipliez les espaces.** Votre entrée est l'endroit par excellence pour déposer tout ce qui entre et sort de la maison. Une entrée organisée évite les pertes de temps à chercher les effets personnels, qui ont le chic de disparaître lors des matins pressés. Vous quittez la maison la tête tranquille, sachant que vous avez tout le nécessaire. Réfléchissez à ce que vous utilisez fréquemment et créez des espaces pour déposer les effets de chacun de manière efficace et esthétique. Utilisez paniers décoratifs, crochets, tablettes et tiroirs pour ranger clés, sacs et accessoires vestimentaires de tous les membres de la famille. Soyez imparfaite jusqu'au bout en dissimulant un bac à objets perdus ou une petite poubelle pour vous défaire rapidement des objets qui envahissent le sol de l'entrée sans autorisation préalable.

❏ **Dans la salle de bain : personnalisez.** Cette zone très fréquentée a tout intérêt à être individualisée. Pensez, par exemple, à utiliser des serviettes et brosses à dents de couleurs différentes pour chacun et des paniers individuels pour les soins corporels. Ces derniers sont fort utiles dans la demeure d'une famille en apprentissage de la propreté (ou de l'imperfection, comme vous le sentez). En effet, les paniers permettent de ne pas accumuler trop d'objets et se transportent facilement (pour coiffer les filles devant la télé dans un climat de joie et de gaieté, par exemple). En personnalisant ainsi, vous saurez bien vite à qui appartient ce qui n'est pas rangé.

❏ **Dans le salon : désencombrez.** Voilà une pièce qui gagne à se ranger facilement pour créer un coup d'œil intéressant. Cela vous évitera les mensonges éhontés du genre : « C'est drôle que tu arrives à cet instant, j'allais justement faire du ménage ! » (Source hypothétique : *Le Répertoire des meilleures excuses de toute bonne mère imparfaite qui se respecte* ; vous connaissez ?). Pour un rangement rapide, minimisez le nombre d'objets disponibles pour les enfants : bac à jouets, coffre à crayons, papier et quelques livres. Favorisez les bibliothèques avec des portes pour décourager les petites mains exploratrices. Prévoyez un endroit stratégique pour déposer la télécommande, car il est scientifiquement prouvé que les enfants ne mordent pas plus de cinq fois à l'astuce de la chasse au trésor pour la retrouver.

Moins d'objets, plus d'esthétisme

Anik, une heureuse paresseuse

Tous les jours, je suis imparfaite et fière de l'être parce que je ne prends jamais le temps de ranger mon manteau dans la penderie. J'y place plutôt les vêtements qui sont inutilisés en ce moment. La rampe d'escalier me semble beaucoup plus pratique pour déposer, en moins d'une seconde, nos vêtements d'extérieur à PapaRelax et à moi (il ne se fait d'ailleurs pas prier !) tandis que les filles rangent leurs effets dans un coffre (elles, par contre, un peu plus). Le coffre présente plein de possibilités : il restreint la zone de recherche pour les mitaines* perdues, il permet de s'asseoir pour mettre les bottes et il n'a pas son pareil pour accueillir les sacs réutilisables. IEA ?

L'imperfection...

Organiser... l'espace personnel

Vous avez tout intérêt à bien organiser vos zones personnelles. N'oubliez pas la règle du 80/20 : vous utilisez 20 % seulement de vos objets, 80 % du temps.

❑ **Dans votre bureau: classez.** Un classement efficace est la clé pour trouver facilement vos documents importants. Différentes options s'offrent à vous : classement alphabétique, classement chronologique, codes de couleur ou autre méthode personnelle. À vous de voir ce qui fait votre bonheur pour garder vos papiers en ordre et votre bureau libre de tout amoncellement de papiers imparfaits mais bien réels. Ne garder que les outils nécessaires au travail en cours est plus motivant, évidemment !

❑ **Dans votre bureau: agissez.** Idéalement, traitez chaque papier ou facture sur-le-champ. Par conséquent, utilisez trois bacs : à ranger, à récupérer et à traiter-dans-un-délai-somme-toute-raisonnable. Votre classeur peut comprendre de 1 à 31 chemises, pour le jour, la semaine, la quinzaine, le mois, voire l'année où vous comptez vous occuper de vos documents (c'est selon votre fantaisie personnelle). Planifiez un moment pour consulter votre classeur et élaguer son contenu, pantoufles aux pieds, une bonne boisson chaude à la main. À moins que la contemplation de factures payées ne vous remplisse d'allégresse, vous n'avez nul besoin de garder vos papiers une décennie. De un an à six ans, cela devrait suffire, selon le type de documents.

❑ **Dans votre chambre: maximisez l'espace vertical.** Utilisez l'espace sous le lit pour ranger les couvertures ou les vêtements hors saison. Derrière la porte, cachez un miroir, des crochets pour suspendre vos vêtements ou tout slogan motivateur tel que : « *Je suis la mère la plus chouette du monde, mais mon imperfection va jusqu'à ne pas héberger de toutous dans mon lit.* »

❑ **Dans votre chambre: ne gardez que le nécessaire.** Inutile de courir chez IKEA pour dénicher les meilleures trouvailles afin de bonifier l'espace de rangement de votre penderie si vous n'avez pas procédé au préalable à une cure minceur de votre garde-robe. Si vous hésitez à vous départir de certains morceaux, demandez-vous si vous aimez les porter et s'ils correspondent à l'image que vous désirez projeter. Ou encore, collez-y un petit papier daté. S'il y est encore dans un an, faites-en profiter ceux qui ont moins de chance que vous.

Moins de paperasse, plus de liberté
Moins d'objets, plus de légèreté

Anik et Julie organisent leurs enfants... sur papier !

Dès leur naissance, les enfants génèrent une imposante quantité de papiers qui deviendra vite exponentielle quand ils fréquenteront la garderie et l'école.

Anik a créé un classeur portatif distinct pour chacune de ses filles, comportant plusieurs chemises colorées. C'est facile d'y trouver les informations importantes, car tout y est classé par couleur : santé, données scolaires, papiers d'identité, factures imposables, détails sur les sorties ou les loisirs.

Julie utilise le calendrier familial pour noter les activités spéciales et les rendez-vous des enfants, de même que les faits cocasses à mesure qu'ils grandissent.

Organisez... l'espace des enfants

En organisant l'espace de vos petits, vous les aiderez à participer plus aisément et activement à la vie de famille.

❑ **Dans la chambre des enfants : catégorisez.** Les vêtements, les jouets, les livres : chaque type d'objet doit occuper une place bien délimitée dans la chambre. Cette « petite maison » peut être un tiroir, une tablette ou un panier. Cette métaphore aidera les bambins à penser à ranger les objets au bon endroit : après son utilisation, chaque chose doit retourner dans sa maison. À partir de deux ou trois ans, vous pouvez utiliser des pictogrammes pour indiquer aux enfants où vont leurs effets personnels. Dessinez-les vous-même : vos enfants pourront constater que tout le monde peut exposer son talent, même si celui-ci demeure limité. Un beau modèle d'acceptation de l'imperfection !

❑ **Créez un village.** Les objets « volants » ont aussi besoin d'une maison. Vous pourrez ranger les objets sans maison officielle dans un bac « hôtel ». Ils y séjournent en vacances le temps de trouver une maison fixe. La « maison du partage » hébergera quant à elle les objets à donner. Pour ce qui est de la « maison triste », elle pourra accueillir les objets qui ont perdu leurs amis (bas uniques, pièce d'un jeu...). Pensez aussi à la « maison propre », pour y accumuler les vêtements sales, et à la « minimaison », pour y glisser les objets des aînés trop petits ou dangereux pour Bébé. Évidemment, ces maisons ont aussi leur utilité dans le reste de votre demeure. Créez-en autant que nécessaire et nommez-les avec vos enfants.

❑ **Variez.** Faites des rotations dans les jouets. Placez-les dans des bacs et alternez-les à la fréquence qui vous convient. Vos petits chéris auront même l'impression de découvrir chaque fois de nouveaux jouets. N'hésitez pas à leur faire croire que vous venez d'acheter tous ces jouets dont ils avaient oublié l'existence. Chère mère imparfaite et astucieuse, ils vous adoreront.

❑ **Facilitez.** Réduisez autant que possible le nombre de vêtements à plier. Rangez sous-vêtements, pyjamas et bas collants tels quels. Utilisez des bacs, à l'intérieur des tiroirs ou des armoires, pour délimiter des endroits précis qui servent à ranger les petits vêtements. Dès l'âge de deux ou trois ans, vos enfants pourront facilement vous aider à ranger grâce à cette méthode sans chichis. Vous pourrez siroter votre café pendant qu'ils vaquent à la tâche !

Moins de jouets, plus d'intérêt

Pratique, la chambre d'AngeCornue

Ma table à langer est un lieu que je fréquente souvent. Je l'ai donc transformée en endroit agréable. J'y ai affiché de belles images sur un babillard*, pour les varier plus facilement. Parfois, j'y mets des pensées et citations ou encore des messages coquins ou utiles à l'intention de mon mari. J'utilise différents paniers bien identifiés pour avoir rapidement sous la main : crèmes, médicaments, suces* et jouets pour distraire AngeCornue pendant que je la lange.

Confidences...

N'oubliez pas ceci

À long terme, l'organisation de l'espace vous permettra de gagner du temps.

Évidemment, lorsque vous entamerez une organisation en profondeur de votre logis, le défi pourra vous paraître interminable, voire insurmontable.

Morcelez la tâche, vous aurez une nette impression d'accomplissement. Recourez à une liste pour vous aider à diviser le travail et à voir comment évolue votre réorganisation. Cocher «terminé» fait tellement de bien!

Petit bébé deviendra grand!

Votre organisation n'est pas statique. Au fur et à mesure que Bébé grandit, vous devrez occasionnellement repenser à votre gestion de l'espace.

Afin de savoir si votre organisation convient à la grandeur de votre enfant, pensez à vous pencher à sa hauteur et à observer l'environnement. Vos espaces de rangement sont-ils accessibles? Avez-vous prévu un petit banc pour que votre bambin soit un peu plus autonome?

Un mythe ancré

Êtes-vous de celles qui croient que la capacité d'organisation est un talent inné?

Détrompez-vous! Tout le monde peut y arriver. Il suffit de développer une méthode qui correspond à vos besoins et à votre personnalité.

Avec un peu de bonne volonté et plusieurs petits pas, même les plus imparfaites y arriveront.

PapaZen aime les grands espaces

Honnêtement, presque en tous points, avoir des enfants est une expérience extraordinairement agréable. Une situation qui m'a malgré tout dérangé? Voir l'espace de la maison envahi par moult objets qui, jusqu'en 2003, n'existaient que vaguement dans mon esprit: jouets, biberons, bricolages divers, boîtes de couches... Il y en a partout! Heureusement, depuis que Frérot est né, je vis un bonheur immense. En effet, puisqu'il sera problablement le «p'tit dernier», quand il en a fini avec un objet, on peut en disposer. Chaque fois que je sors une boîte pour la donner à un nouveau parent, j'en tire une grande joie. Si vous devez nous rendre le contenu quand vous en aurez fini? Non merci! Passez au suivant...

de mères imparfaites

Privilèges VIP de la mère imparfaite (Very Imperfect Person)

Laissez vous aller à vos élans imparfaits en...

- **ayant des zones désordonnées dans la maison**: dites-vous que tout n'a pas à être impeccable. Certaines personnes sont à l'aise dans le fouillis.

- **vous débarrassant des objets inutilisés par vos enfants et votre conjoint**: c'est à leurs risques et périls... surtout s'ils ne les rangent pas. S'ils s'en offusquent, épatez-les avec cette réplique de Jules Verne comme quoi un «minimum bien employé suffit à tout».

- **ne rangeant pas un objet sur-le-champ**: l'imperfection, c'est aussi un laisser-aller occasionnel. Vous ramasserez demain, c'est tout.

Le défi de désencombrer

Cette semaine, arrêtez le mouvement de votre main lorsque vous vous apprêtez à déposer, là où vous êtes, l'objet que vous tenez.

STATUE.

Demandez-vous pourquoi.

La «maison» de cet objet est-elle trop éloignée? Est-elle accessible et logique? L'objet devrait-il déménager? Ou est-ce une paresse féminine momentanée à laquelle vous êtes en droit de prétendre?

À vous de voir.

Pensez imparfait

«Plus vous serez libéré des choses qui encombrent votre vue, votre vie, votre espace, plus vous aurez d'énergie et d'espace pour que la nouveauté (projets, désirs) entre dans votre vie.

[...] Tant que vous ne donnerez pas à votre âme ce qu'elle veut, vous n'aurez jamais assez de tous ces objets inutiles, votre âme ne vous donnera aucun repos.»

Linda Sauvé,
Organise-moi ça!
S'organiser efficacement pour sauver temps et argent

Grief

Nous n'avons pas de place où aller.
Tu n'arrives jamais à nous retrouver et tu passes beaucoup de temps à nous chercher, ce qui te met chaque fois dans tous tes états.

En tant qu'objets essentiels qui te permettent d'atteindre tes objectifs, nous exigeons que tu nous trouves une place de choix.

Signé: Les objets qui importent à tes yeux

«N'oubliez pas qu'après le chien, la corbeille est le meilleur ami de l'homme.»

Charles Hobbs,
Organisez votre temps, maîtrisez votre vie
Comment exploiter les ressources insoupçonnées de votre agenda
(L'efficacité au service de vos objectifs)

Prendre le temps...

De : Anik

Envoyé : 15 novembre 2008

À : Julie

Objet : «Une valse à trois temps»... à trois enfants

Salut, Julie !

Tu connais la chanson *La Valse à mille temps* de Jacques Brel ? Elle débute lentement, puis le rythme est de plus en plus rapide. Une valse à trois, quatre, cent et mille temps... C'est comme avec les enfants : plus on en a, plus le temps file !

Mes matinées illustrent bien ce principe. Je dois tout effectuer avec la précision d'une horloge suisse pour que tout le monde soit prêt à temps. Au début de l'année scolaire, cela m'a demandé une certaine adaptation, mais je sais maintenant qu'il me faut environ une heure pour préparer tout le monde. Aussi, je connais exactement le temps requis pour effectuer chaque tâche : préparer le déjeuner (6 minutes), faire déjeuner les filles (30 minutes, parfois plus, mais en cas de perte de temps, je menace de fermer la télévision !), habiller et coiffer les filles (8 minutes), changer la couche et habiller AngeCornue (4 minutes), préparer les *lunchs** (7 minutes), mettre des vêtements d'extérieur à tout le monde (2 à 10 minutes, selon la saison) et placer tout le monde dans la voiture ou sortir pour attendre l'autobus à temps, à 8 h 32 pile.

D'accord, j'avoue que je suis un peu dingue avec toutes ces données précises, mais je suis rarement prise au dépourvu. Ma théorie : quand on sait le temps exact dont on dispose et les tâches à effectuer, tout entre par magie dans les temps requis. Et jamais on ne rate l'autobus ! Comment arrives-tu à gérer les routines du matin avec tes trois mousses ?

Anik

De : Julie

Envoyé : 16 novembre 2008

À : Anik

Objet : RE : «Une valse à trois temps»... à trois enfants

Allô !

C'est dommage que tu sois passée à côté de la profession de comptable. Tu as toutes les aptitudes ! À voir la vitesse à laquelle tu cuisines, coiffes tes filles et les habilles, je devine que tu aurais aussi pu être chef, coiffeuse et éducatrice* en garderie !

Je suis une parfaite stressée, mais j'utilise une technique radicalement opposée qui n'implique aucun calcul. Pour les matins pressés, la préparation d'une sortie, le transport vers une destination que j'aimerais souvent plus exotique ou l'habillement de toute la marmaille, la réponse est facile : j'ajoute un jeu de 15 minutes. Ainsi, je peux pallier tous les imprévus qui, avec trois enfants, font inévitablement partie de la vie.

C'est ma porte de sortie, en plus de travailler à me défaire de l'idée que les gens stressés sont des gagnants. J'essaie d'agir le plus simplement possible, sans perdre mon calme (au secours !). Je me plais à croire que les compagnies de crème antirides vont faire un peu moins d'argent avec moi ;-)

Julie,
qui rate parfois l'autobus...

de gérer son temps

De : Anik

Envoyé : 12 mai 2009

À : Julie

Objet : La défaite* du siècle

Salut, Julie !

Sais-tu quel est le lien entre ces tâches : ranger le garage, peindre le cadre de porte, débarrasser le terrain des matériaux qui restent de nos travaux de rénovation de l'an passé et refaire les joints de la céramique murale de la cuisine ?

Réponse : nous les remettons toujours au lendemain. Pas de temps à y investir, prétendument. Belle défaite* ! Se peut-il que l'on n'ait simplement pas envie de le faire, parce que cela suppose de tirer à la courte paille pour déterminer lequel des deux parents deviendra mono-parental et lequel trimera à la tâche pendant toute la fin de semaine ?

Comment trouver du temps pour ces corvées maintenant que les filles ont renoncé aux siestes interminables ? Comment résister à la tentation d'utiliser le temps de leur repos pour dormir ou pour relaxer comme il se doit les samedis et dimanches ? Comment mettre de côté cette manie de travailler comme des forcenés pendant les jours de congé ?

Anik

De : Julie

Envoyé : 13 mai 2009

À : Anik

Objet : RE : La défaite du siècle

Allô !

Sais-tu pourquoi nos travaux progressent à pas de tortue à la maison ? Parce que les fins de semaine « bookées » de A à Z, ce n'est pas pour nous. Non merci, c'est trop déprimant. Toute la semaine, on court, on fait deux ou trois choses à la fois, on optimise chaque minute. « N'en jetez plus, la cour est pleine ! » Pour notre part, d'un commun accord, nous préférons rétablir l'équilibre en prenant ces 48 heures de congé pour être ensemble tout simplement. Je dirais même que nous allons jusqu'à ne rien faire ensemble !

Casser le rythme, performer sans me défoncer, réduire mes exigences et prendre le temps de profiter de la vie, c'est ce qui me motive d'ailleurs à ne travailler que 4 jours par semaine. J'ai troqué le blues-du-dimanche-soir par le cœur-léger-du-jeudi-16-heures. L'euphorie !

« Qu'est-ce que vous faites en fin de semaine ? – Pas grand-chose… » On a l'air plates*, mais on s'assume ! On a bien un ou deux trucs de prévus, surtout pour se faire plaisir, mais rien d'autre à l'agenda. C'est sacré. À la limite, je dirais même que cela me frustre quand c'est organisé autrement, car cela finit toujours par créer des tensions. Je suis plutôt satisfaite qu'on ait joué du bistouri dans les supposées nécessités et qu'on soit devenus experts pour expédier en deux temps, trois mouvements les commissions qui demeurent essentielles au bon fonctionnement familial.

Avec tout cela, je pense plutôt que ta « défaite du siècle » est parfaitement imparfaite… Pragmatique comme tu l'es, as-tu essayé d'inscrire à ton emploi du temps « climat détendu et agréable en famille, dimanche de 12 h à 16 h » et « liste de tout ce qu'on ne fera pas en fin de semaine » ?

Julie

Temps à vendre...

S'adressant à la foule, le responsable de l'encan proclame :

« Bienvenue à cette vente aux enchères. Les profits iront à l'organisme de bienfaisance "En deux temps, trois mouvements", qui vient en aide à ceux et celles qui souffrent de P. I. C. (procrastination involontaire chronique). Cette terrible maladie frappe une proportion importante de la population, en particulier les mères assaillies par les demandes incessantes de leur famille.

« Commençons sans tarder, le temps presse. Le premier article en vente : un lit ayant appartenu à Morphée. Tout couple qui dort dans ce lit bénéficie automatiquement de temps pour faire la grasse matinée. Un système d'ondes magnétiques repousse les enfants qui oseraient s'aventurer près du lit des parents avant 6 h 30 et un second système envoie des vapeurs soporifiques partout dans l'air de la maison pour que tous les membres de la famille prolongent leurs heures de sommeil. »

La lutte est chaude, mais une dame, les yeux cernés jusqu'au nombril, remporte la mise.

« Passons maintenant au second article. Il s'agit d'une "mijotemps" ayant appartenu à Maman Dion*. Cet article de cuisine est idéal pour concocter, en un rien de temps, des plats qui feront fureur auprès de toute la famille, même si vous avez 14 enfants et qu'ils sont tous plus difficiles les uns que les autres. Nul besoin d'inspiration, la "mijotemps" vous fournit la recette du jour et imprime pour vous une liste d'épicerie* de la semaine pour s'assurer qu'aucun ingrédient ne manquera. Une fonction spéciale indique aussi l'exercice susceptible d'éliminer une partie des calories ingurgitées pendant le repas. Au son de la minuterie, c'est le temps de passer à l'action pendant que les enfants bien repus jouent calmement. »

Toutes les femmes présentes veulent se procurer l'objet, mais c'est finalement une petite rouquine, dont les jumeaux dorment paisiblement dans leur poussette double, qui l'obtient.

« Maintenant, voici l'aspirateur de M. Net*. Conçu selon une technologie révolutionnaire, cet appareil ménager balaie de façon totalement autonome. Programmable, cet aspirateur peut être utilisé sur une base quotidienne ou hebdomadaire sans que cela prenne une minute de votre temps. De petits gadgets lui permettent de passer derrière et sous les meubles. Des fonctions sophistiquées prennent d'assaut l'époussetage complet de la maison. De plus, cet appareil est hypersensible aux dégâts : à la moindre perception d'un élément inhabituel (céréales renversées, sable introduit dans l'entrée, résidus de bricolage, etc.), il se met en fonction et ramasse la saleté. »

Encore une fois, c'est la folie furieuse parmi le public, mais une jeune maman au chandail* taché de lait réussit à mettre la main sur cet appareil ménager pratique.

mais à quel prix?

«Et maintenant, voici votre occasion de posséder la version réelle et améliorée de la célèbre DeLorean ayant appartenu à Doc et Marty McFly, personnages principaux du film *Retour vers le futur*. Cette voiture possède un GPS intégré qui analyse le trafic et vous permet d'éviter tous les bouchons de circulation. Vous arrivez donc en moyenne trois fois plus vite à destination qu'à l'habitude. Qui plus est, sa fonction de pilotage automatique et son tableau de bord avec prises électriques, micro-ondes, mini-frigo et miroir vous permettent de vaquer à d'autres occupations lorsque vous vous déplacez : lire, vous maquiller, déjeuner, faire votre mise en plis, etc. Vous arrivez fraîche et dispose au travail, pile-poil. De retour à la maison, utilisez la fonction garderie express pour aviser l'éducatrice* de votre enfant que vous arriverez dans exactement 8 minutes, le temps requis pour habiller votre rejeton afin qu'il soit prêt à partir. Les enchères débutent à 25 000 $.»

Cette voiture remporte un franc succès, si bien que la mise est doublée avant de réussir à déterminer l'heureuse détentrice.

«Finalement, nous vous offrons les services de deux entraîneurs de renom. D'abord, l'entraîneur de Gregory Charles* vous propose de vous guider dans l'apprentissage de l'aptitude à faire plus de 2 choses en même temps. Après un entraînement intensif de 8 semaines, vous devriez être en mesure de maîtriser le mode *Human Multitasking*, très en vogue à Hollywood. Vous travaillerez également l'aptitude à ne pas perdre votre temps pour des banalités. M. Zen, l'entraîneur personnel du dalaï-lama, vous offre quant à lui de développer votre capacité à prendre votre temps. Sachez ralentir le rythme sans que votre efficacité ne s'en ressente pour autant.»

Encore une fois, la demande est forte, mais une maman au bord du *burnout* réussit à se payer les services des deux entraîneurs.

«Mesdames, mesdemoiselles et messieurs, l'enchère tire à sa fin. Voici maintenant le plat de résistance de la soirée. Une potion concoctée par Hermione Granger, élève surdouée de l'école de sorcellerie Poudlard, amie d'Harry Potter et mère accomplie de Rose et Hugo, permettant à quiconque la boit de disposer de 30 heures, plutôt que 24, dans une journée.»

La foule est en délire devant ce produit sensationnel.

«Maman, quand est-ce qu'on va voir le médecin?» Brutal retour à la réalité pour Maman imparfaite qui, assise dans une salle d'attente, rêvassait à tout ce qui pourrait l'aider à mieux gérer son temps. Chose certaine, attendre deux heures dans une clinique médicale bondée de nombreux patients et de leurs non moins nombreux microbes n'en faisait sûrement pas partie…

Ce que la mère imparfaite en moi en pense

«Imperfectionniste»...

Si les éléments qui composent vos listes sont bien datés, ces dernières vous permettront d'étirer et de mesurer le temps. Vous serez ainsi en mesure de revivre les moments qui vous ont été précieux et de faire des liens entre eux. Gagner du temps, éviter les oublis, garder des traces sans s'encombrer et fonctionner plus facilement sans s'essouffler sont des réflexes que vous serez heureuse d'avoir développés.

Je raffole des listes. Et alors?

- ❑ les raisons qui me poussent à vouloir mieux gérer mon temps ;
- ❑ les moments où j'ai l'impression de bien contrôler mon temps ;
- ❑ les moments où je suis en retard ;
- ❑ ce que j'ai tendance à reporter au lendemain ;
- ❑ même si je suis très occupée, je trouve toujours le temps de… ;
- ❑ je n'ai jamais le temps de… ;
- ❑ les moments que j'ai gaspillés pour des détails sans importance, et comment j'éviterais ces pertes de temps si c'était à refaire ;
- ❑ les activités que j'accomplis trop vite et celles où j'agis trop lentement ;
- ❑ tout ce qu'il y a à faire en ce moment ;
- ❑ les périodes où je suis efficace et celles où je ne le suis pas ;
- ❑ le temps que j'aimerais accorder à chacun de mes grands domaines de vie (ma famille, ma personne, mon travail, mes loisirs, etc.) pour les vivre de manière idéale ;
- ❑ ce que je voudrais prendre le temps de faire ou de réaliser ;
- ❑ je n'ai aucune difficulté à mener à terme mes projets quand… ;
- ❑ il m'est plus facile de respecter une échéance quand… ;
- ❑ tout ce que je ne ferai pas aujourd'hui et comment je vais perdre mon temps.

jusque dans mes listes !

« Je n'ai rien contre le temps, mais par
moments, j'ai des envies
de tuer le temps. »

Vincent Roca,
comédien et humoriste français

Viser plus en faisant moins

C'est le moment d'analyser votre gestion du temps. Avez-vous assez de temps ? Arrivez-vous à prendre votre temps ? Qu'est-ce qui vous donne le sentiment d'avoir une emprise sur le temps ? Ou, au contraire, qu'est-ce qui vous donne l'impression que celui-ci passe trop vite sans que vous puissiez en profiter ?

La gestion de mon temps:
les bons côtés

La gestion de mon temps:
les moins bons côtés

Ce que je désire

« Plus on fait de choses, plus on a de temps pour en faire. Moins on en fait, moins on en a: les oisifs n'ont jamais une minute à eux. »

Maurice Sachs,
Derrière cinq barreaux

Des mots pour s'inspirer, pour réfléchir...

minutes   heures   durée   rythme   vitesse   lenteur   rapidité   efficacité
ponctualité   besoins   activités   objectifs   priorités   urgences
prendre le temps   éparpiller   focaliser   accélérer   ralentir   contrôler
gérer   courir   choisir   prioriser   terminer   refuser   déléguer
essentiel   débordée   urgent   important

Mon objectif:

Imparfaite, mais efficace

La parfaite imperfection... j'y suis!

La crème...

Transformer son rapport au temps

Et si vous pensiez autrement ? Quand on y réfléchit, nous disposons toutes de la même quantité de temps : 24 heures dans une journée et 7 jours dans une semaine. Qui plus est, toutes les mères manquent de temps et se plaignent d'être trop occupées. Pourquoi ne pas composer avec cette réalité ? Devenez plus zen. À quoi bon se battre éternellement contre un adversaire coriace ?

❏ **Investissez.** Le temps qu'on consacre à améliorer son organisation personnelle n'a pas besoin d'être important pour qu'on en retire des bénéfices. Quelques bonnes habitudes triées sur le volet et un peu de persévérance permettent des gains de temps rapides qui vous motiveront à persévérer et qui, avouons-le, laisseront béates d'admiration vos amies mamans.

❏ **Choisissez.** Pourquoi mettre de côté les tâches qui ont le plus de valeur à vos yeux (rigoler en famille, par exemple) pour s'affairer à celles qui sont inutiles (nous risquons, à tout hasard, le ménage) ? Pensez à vos grands domaines de vie, évoqués dans le chapitre sur les priorités, et prenez la résolution de consacrer plus de temps aux quelques activités qui pourraient faire toute la différence dans votre vie. Au lieu d'utiliser le bistouri pour n'importe quelle tâche et n'importe comment, pourquoi ne pas faire de la place pour les activités essentielles que vous aurez ciblées ?

❏ **Entamez et terminez.** Utilisez à votre avantage ce désir ardent de toutes les mères : clore une tâche importante. En fait, deux techniques simples permettent d'atteindre ce résultat satisfaisant. Divisez la tâche en petites bouchées (« un régime pour la vie, c'est tout un défi ; mais juste aujourd'hui, c'est du tout cuit ! »). Pensez aussi à concentrer votre attention (pourquoi butiner quand on peut donner une bourrée* ?). Concentrez vos énergies sur une tâche, comme un faisceau laser, sans quoi elles se dispersent en tous sens et n'apportent que de l'épuisement.

❏ **Souriez si vous êtes débordée.** Renoncez à servir la longue litanie de tout ce que vous avez à faire lorsqu'on vous demande de vos nouvelles. Ce n'est qu'une mauvaise habitude. Selon la loi de Pareto, 80 % des gens s'en balancent et 20 % sont heureux de vous voir faire des prouesses d'équilibriste avec la gestion de votre temps. Vous êtes occupée, et alors ? Ce n'est pas votre principal trait de caractère. Vous plaindre à quelqu'un qui n'y peut rien ne vous avancera guère.

Plus de choix sensés et une meilleure attitude, moins de fuites de temps

Et si c'était la dernière ?

« Une femme de 34 ans a péri hier dans un accident de voiture. Elle laisse dans le deuil son conjoint et ses deux jeunes enfants ... »

Chaque fois que j'entends ce triste fait divers, j'ai la chair de poule. J'ignore combien de temps il me reste à vivre, mais je me comporte comme si j'étais éternelle. À la fin de ma vie, j'imagine que mon imperfection ira jusqu'à jeter un regard (critique) sur ce que j'ai accompli. Quels seront mes regrets ? Probablement d'avoir gaspillé du temps pour des peccadilles au lieu d'avoir profité davantage des moments privilégiés avec ma famille et de m'être adonnée aux projets qui me sont chers.

« Nul ne choisit comment mourir. Ni quand. Vous pouvez seulement choisir comment vivre. Maintenant. »

Joan Baez

de l'imperfection

Garder le contrôle

Vous êtes-vous déjà demandé ce que signifie réellement « être trop occupée » ? Dans le train-train quotidien, une mère peut passer ses journées à s'agiter en tous sens sans pourtant accomplir grand-chose. En effet, on peut très bien être occupée, mais être inefficace. Voici quelques trucs pratiques qui vous permettront d'aller droit à l'essentiel.

❑ *Évaluez.* Arrivez-vous facilement à évaluer le temps requis pour réaliser une tâche ? Avez-vous l'habitude de dire : « J'en ai pour trente secondes » ou : « Donne-moi deux petites minutes » ? Ces affirmations machinales sont souvent trompeuses par leur manque de réalisme. Pourtant, s'il est une technique que les bons gestionnaires maîtrisent avec brio, c'est bien celle d'estimer et de calculer le temps. Elle suffit à faire fondre une *to do list** et à impressionner votre patron !

❑ *Agissez maintenant.* Vous connaissez la procrastination, cette mauvaise habitude de tout remettre au lendemain ? Plutôt que de penser à l'immense tâche qui vous attend, pourquoi ne pas vous faire le plaisir de cibler une action précise à entreprendre dès maintenant ? Après tout, laisser une tâche traîner indéfiniment amène une lourdeur inutile. Qui aime se sentir moche chaque fois qu'elle se rend compte que rien de ce qu'elle a entamé n'est terminé ?

❑ *Priorisez**. Savez-vous discerner l'essentiel de l'accessoire ? Pour choisir les occupations qui apportent réellement un plus dans votre vie, considérez les conséquences de ne pas faire les 1 001 trucs que vous vous imposez. L'oisiveté n'aurait-elle pas meilleur goût ? Développez votre esprit cartésien en catégorisant ce que vous faites à l'aide d'un magnifique tableau à double entrée. Deux colonnes : important et non important. Deux lignes : urgent et non urgent. Votre côté imparfait vous soufflera (haut et fort !) dans quelle case mettre vos énergies.

❑ *Embrayez.* Cela peut paraître d'une évidence désarmante, mais avez-vous pensé à aller plus vite ? Quand on ne dispose que de 5 minutes, c'est fou comme la vaisselle se fait rapidement ! Pourtant, si vous avez tout votre temps, cela prendra 20 minutes à accomplir la même tâche. Mettez-vous en mode rapide pour les activités routinières. Perfectionniste dans l'âme ? Contentez-vous de faire « bien » (et non « très bien »). Rapport qualité-temps, c'est ce qui rapporte le plus !

Plus de maîtrise et de doigté, moins de courses effrénées

Les voleurs...

Ils s'introduisent dans votre maison à votre insu et vont jusqu'à vous tirer du lit. Ils vous poursuivent même jusqu'au travail et dans vos loisirs. Qui sont-ils ? Les voleurs de temps.

Leur visage peut prendre différentes formes : un coup de téléphone non désiré d'un interlocuteur qui ne semble pas près de raccrocher, des pourriels présentant des diaporamas de petits minous aux maximes insipides ou des produits dont votre homme n'a pas besoin, la visite des amis de vos amis sur *Facebook*, le temps passé à classer un tas de paperasses ou d'objets dont vous pourriez plutôt vous débarrasser…

Réfléchissez. Quels éléments volent votre vie sans que vous appeliez votre police intérieure pour les démasquer et les arrêter ?

L'imperfection...

Écrire pour avoir une vue d'ensemble

Bonne nouvelle : chaque seconde consacrée à la planification de votre temps vous fera gagner des minutes ! L'imparfaite en vous souhaite probablement laisser libre cours à ses talents d'improvisatrice, mais un moment quotidien consacré à la planification de votre horaire pourrait dégager le temps nécessaire pour vous abandonner à vos tendances fainéantes.

❏ **Planifiez.** L'agenda est incontestablement une précieuse aide à la planification. Son utilisation est un gage de succès : déterminez vos objectifs et vous ne perdrez pas de précieuses minutes à tourner en rond, ne sachant par où commencer. Avez-vous remarqué que les gens positifs savent où ils veulent aller et en parlent ouvertement ? Avez-vous déjà observé que les imparfaites prennent soin de planifier des périodes pour relaxer et profiter de la vie ? « Je n'ai pas le temps de faire ton lavage maintenant, chéri, j'ai de la relaxation prévue à l'horaire. C'est complet pour aujourd'hui. Rappelle-le-moi demain, ma secrétaire mettra cela au programme. »

❏ **Affichez.** Le calendrier mural constitue un outil de choix pour gérer le temps familial. Tous peuvent y indiquer leurs obligations et rendez-vous (une couleur de crayon par personne, pour mieux distinguer). Chaque dimanche, regardez le programme de la semaine, histoire de rappeler une remise de travaux scolaires, un rendez-vous chez le dentiste ou votre anniversaire à célébrer très bientôt.

❏ **Listez.** Évitez de finir vos journées littéralement épuisée pour avoir couru en tous sens afin de régler une série d'urgences. La liste parfaite pour la mère imparfaite se divise en deux sections : « Essentiel » et « Si j'en ai le temps ». Il est important de la rédiger en jetant un œil sur vos objectifs personnels. À ce sujet, il est utile de revoir le chapitre sur les priorités pour vous aider à garder le cap. Notez qu'avec votre ascension dans l'échelle de l'imperfection, vous apprendrez à ne pas vous faire un point d'honneur de biffer tous les éléments de la seconde liste…

Plus de planification et de cohérence, moins d'oublis et de dispersion

Rayer : le petit plaisir d'Anik

Malgré une excellente rigueur à gérer mon temps (mon agenda et mon calendrier dorment pratiquement sur ma table de chevet), j'arrive à décrocher de temps à autre et à mettre complètement de côté ces outils. Cela vient généralement par cycle, et le déclencheur est souvent une semaine de vacances. Après cet énorme coup de pouce pour faire le vide, une fois de retour à la maison, je conserve un rythme plus lent et une envie irrépressible de profiter de la vie. Bien sûr, chassez le naturel et il revient au galop : mon agenda ne demeure pas seul dans son coin très longtemps. Je suis somme toute heureuse de le revoir.
C'est une question d'équilibre.

Agir

Testez ces méthodes afin de demeurer active et d'avancer.

❑ **Dites NON.** C'est fou le temps et l'énergie qu'un mot si simple permet d'épargner. Ne répondez pas à tous les S.O.S. « Chérie, peux-tu repasser ma chemise ? – Non, les vêtements fripés te donnent un air plus relax. » Ne vous croyez pas obligée de satisfaire aux requêtes de tout le monde. « Maman, peux-tu me reconduire chez mon ami ? – Non, ta bicyclette fera très bien l'affaire ! » Vous voyez le topo ?

❑ **Évitez de vous plaindre.** Pensez-y bien : l'énergie négative que vous dépensez chaque jour est l'un des plus vicieux voleurs de temps. C'est si peu utile de raconter vos déboires de la journée (les vivant deux fois plutôt qu'une) et de vous apitoyer devant un problème (plutôt que de chercher une solution). Ces attitudes vous servent-elles ou sont-elles néfastes ? La réponse est d'une limpidité absolue.

❑ **Décidez.** Cessez les tergiversations inutiles. Vous pouvez perdre beaucoup de temps à peser le pour et le contre dans le but de prendre la meilleure décision possible. Malgré tout le temps passé à vous demander s'il vaut mieux inscrire votre enfant au cours de gymnastique ou de musique, ou s'il vaut mieux peindre le salon dans des tons de bleu ou de vert, c'est en agissant que vous serez la mieux placée pour juger de la décision. Et, dans le pire des cas, on peut revenir sur une décision et la modifier. Alors, foncez ! Vous hésitez encore ? Sortez une pièce de monnaie et tirez à pile ou face. Si vous êtes mécontente du résultat que vous indique la pièce, vous saurez alors que votre cœur penche pour l'autre option, et le tour sera joué, de toute façon !

❑ **Déléguez.** Soyez confiante. Toute femme imparfaite qui se respecte arrive à passer outre à son sentiment de culpabilité devant l'autre qui besogne à sa place. Tranquillement, déléguez les tâches non créatives et répétitives. De bons arguments permettent même de les confier aux enfants. Essayez d'abord la technique du : « Voudrais-tu… pendant que je… », comme dans : « Ma puce, voudrais-tu mettre ta vaisselle sale sur le comptoir pendant que je prépare ton dessert ? » Enchaînez avec l'argument : « Tu es plus habile que moi pour… » afin de flatter l'ego de votre compagnon de vie. Fondé ou non, cet argument est une tactique éprouvée, comme en fait foi l'exemple : « Chéri, voudrais-tu aider Fiston dans son devoir de maths ? Notre comptable dit que tu es beaucoup plus doué que moi pour aligner les chiffres. » Seules les femmes plus imparfaites réussissent à se débarrasser des tâches ingrates dont elles n'ont rien à cirer, mais c'est une autre histoire…

Plus d'action et d'affirmation, moins de temps perdu

Exploiter les petites heures ou les aurores

Lorsque vous êtes trop exténuée pour profiter du temps qui vous reste à la fin d'une journée, la « position horizontale » est-elle la solution facile que vous privilégiez ? Et si vous portiez un regard différent sur votre fatigue ? À la longue, passer son temps libre à dormir cause un manque d'épanouissement personnel, lequel expliquerait un manque d'entrain. Relevez le défi de vous coucher une heure plus tard ou de vous lever une heure plus tôt. Remplacez l'oisiveté par la créativité. Quels effets cela entraîne-t-il sur votre qualité de vie ?

Confidences...

Combien de temps?

Combien de temps prenez-vous pour :

- vous améliorer ?
- réfléchir ou agir consciemment ?
- vivre le moment présent ?
- faire ce qui est important pour vous ?

Vos réponses vous apparaissent-elles satisfaisantes ? Sinon, que pouvez-vous faire pour mettre en branle un processus de changement ?

« Le bonheur, c'est quand le temps s'arrête. »

Gilbert Cesbron,
écrivain français

PapaZen optimise son temps

Certaines nécessités sont incontournables et peuvent facilement compromettre la qualité de vie en famille. Faire un minimum de ménage et corriger les devoirs de ses élèves en font partie. Comment empêcher ces tâches de constituer un frein au bonheur ? Première réponse : travailler efficacement (pas plus d'une heure de ménage). Deuxième réponse : viser des objectifs faciles à atteindre (ne pas corriger plus de cinq cahiers). Troisième réponse : accomplir les tâches lorsqu'elles empiètent le moins sur la vie de famille : quand tout le monde dort. Quatrième réponse : intégrer les enfants dans la routine et en faire une activité familiale agréable. Cinquième réponse : taper « femme de ménage » dans Google et en appeler une ou deux pour s'informer des prix...

« [Pour] créer un horaire à votre mesure, [...] il faut déterminer quelles sont les activités qui vous importent pour ensuite leur attribuer une place dans votre emploi du temps, à la lumière des besoins et des objectifs qui caractérisent votre personnalité unique. Ainsi, vous éprouverez un sentiment de profonde satisfaction à la fin de chaque journée. [...]

« Si vous comptez sur votre temps libre pour accomplir des tâches qui vous importent, dites-vous bien une chose : le temps libre n'existe pas. »

Julie Morgenstern
Gérez votre temps, vivez pleinement
Une méthode infaillible pour prendre en main
votre emploi du temps et votre vie

Défi imparfait au rythme du temps

Si vous êtes du type rapide, pourquoi ne pas essayer de ralentir pendant une journée ? Au contraire, si vous êtes du genre à prendre tout votre temps, pourquoi ne pas tenter d'aller un peu plus vite, en vous fixant des limites de temps pour achever chaque activité ?

Quels effets ce changement de rythme donne-t-il ? Appréciez-vous cette nouvelle lenteur ou vitesse au point de l'envisager, pour un juste équilibre ?

de mères imparfaites

Privilèges VIP de la mère imparfaite (Very Imperfect Person)

Vous avez le loisir de...

- **jouer avec le temps** : prendre votre temps, le perdre ou le laisser passer, en manquer ou en gagner, courir après lui, le regarder filer ou le gaspiller... ;
- **vivre dans le présent,** mais basculer à l'occasion vers le passé ou l'avenir ;
- **ne pas vouloir toujours gérer votre temps,** mais le laisser passer librement, de temps en temps ;
- **profiter du temps** et refuser d'être son esclave.

Tic-tac... Il est temps de vous inspirer de vos enfants

Les enfants ont cette faculté instinctive de vivre le moment présent. Ils vivent chaque instant pleinement, comme si chaque minute avait son importance.

Et si vous appreniez, vous aussi, à vous immerger dans l'ici et le maintenant ? Et si vous développiez l'habitude d'accorder toute votre attention à la personne qui vous tient compagnie ?

Pour remercier vos enfants de cette leçon de vie, tentez en contrepartie de ne pas leur imposer votre rythme. Il est toujours triste qu'un enfant s'interroge sur la signification d'«être en retard», comme il est navrant qu'il perçoive que les temps libres de ses parents les soulagent de leur temps de travail.

Ne les contaminons pas avec une philosophie à la «dépêche-toi et attends!» Ils apprendront assez vite le stress lié à la productivité caractéristique de notre époque.

Le bout du rouleau...

«Souvent nous essayons de nous persuader que notre obsession pour les dossiers à traiter est temporaire : lorsque nous serons au bout de la pile, nous pourrons nous détendre, être enfin heureux. Mais précisément, on n'en voit jamais le bout! À mesure que ces dossiers sont réglés, d'autres viennent aussitôt les remplacer dans la corbeille des affaires courantes. [...] N'oubliez jamais une chose : à votre mort, il y aura encore des tas de rendez-vous sur votre agenda et des tonnes de travail à finir. Et vous voulez que je vous dise? Quelqu'un d'autre s'en chargera à votre place. Prenez le temps de vivre! »

Richard Carlson,
Ne vous noyez pas dans un verre d'eau.
100 conseils pour vous simplifier la vie

«Un des pires emplois qu'on puisse faire de son temps, c'est de s'appliquer à très bien faire quelque chose qu'il n'est aucunement nécessaire de faire. »

Brian Tracy,
Avalez le crapaud !
21 bons moyens d'arrêter de tout remettre au lendemain, pour accomplir davantage en moins de temps

En guise de conclusion

Félicitations !

En faisant valoir votre exceptionnelle imperfection face aux nombreuses autres candidates, vous avez raflé le poste tant convoité de directrice de la programmation au *Canal Imperfection*. À la suite d'un long processus, vous êtes devenue imparfaite et heureuse, et votre cheminement vous inspire une foule de nouvelles émissions que vous intégrerez à l'horaire de cette chaîne spécialisée.

Au programme:

Beautés imparfaites

Diffusion: lorsqu'il y a conciliation travail-famille

En rediffusion: lorsque l'envie vous prend d'en faire plus que demandé

Cette télésérie* vous aidera à démystifier le concept de *superwoman*. L'action se passe dans une banlieue chic, où quatre mamans ont une vie en apparence parfaite. Elles apprendront toutefois à conjuguer leur besoin de performance et de réussite avec les aléas qui ponctuent leur quotidien. Elles constatent, l'une après l'autre, qu'elles ne peuvent tout mener de front et apprécient, petit à petit, l'imperfection de leur vie.

Maman l'exploratrice

Diffusion: chaque matin de votre vie

En rediffusion: lorsque vous souhaitez tout avoir en même temps

Cette populaire série traite de l'importance d'établir ses priorités pour mener une vie pleine de sens. À chaque épisode, Maman et Papouche, son acolyte, ont un objectif bien précis à atteindre. Voyez comment Maman décortique son but en trois étapes pour arriver à ses fins. Les membres de ce sympathique duo conjuguent leurs forces respectives pour profiter des joies de l'existence, sans perdre de temps sur des détails insignifiants ou des activités accessoires.

S.O.S. bien dans sa peau

Diffusion: un petit peu chaque jour, pause pour les fins de semaine, les vacances estivales et le temps des fêtes

En rediffusion: lorsque vous ragez devant le miroir

Participez au succès retentissant de cette téléréalité qui permet, sans aucun doute, d'être plus indulgente face à son apparence et de multiplier les choix intelligents en matière de santé et de mise en forme. Semaine après semaine, les candidates sont confrontées à leurs vergetures, leur cellulite, leurs seins tombants, leurs muscles sans tonus et leurs rondeurs abdominales. Elles sont amenées à modifier leurs habitudes de vie. Elles accumuleront des points lorsqu'elles mangeront plus sainement au quotidien, apprendront à prendre soin d'elles et en viendront à se trouver sincèrement jolies. Qui l'emportera?

L'ABC du calme

Diffusion: lorsque vous êtes au bord de la crise de mère

En rediffusion: lorsque vous n'arrivez pas à éviter la crise

Vous vous sentez impatiente? Victime du rythme infernal de vos journées, vous n'arrivez pas à prendre un rendez-vous avec vous-même pour vous détendre? Cette émission s'adresse à vous! À chaque épisode, un professeur invité enseigne des façons de relaxer. Prenez conscience des effets du yoga, du tai chi, de la méditation, de la respiration abdominale et d'autres techniques de relaxation. L'objectif? Apprendre à son rythme, en appréciant des résultats rapides. En effet, les émissions sont conçues pour que vous constatiez rapidement que ces méthodes vous aident bel et bien à vous calmer, même si vous ne maîtrisez pas du premier coup les techniques présentées. C'est un rendez-vous avec la sérénité!

Cathy pour une sortie

Diffusion: lorsque l'épuisement vous guette

En rediffusion: lorsque vous avez oublié la définition des mots «solitude» et «plaisir»

Les femmes qui désirent bénéficier de plus de temps en solitaire afin d'être aux petits soins avec elles-mêmes vivront une heure de pur bonheur. Cathy, une éducatrice* hors pair, arrive à l'improviste chez des mamans parfaites qui n'osent plus prendre du temps pour elles. À coups d'arguments solides, elle insiste pour que la vedette de l'émission sorte et se fasse plaisir, avec un budget de 500 $. Pendant ce temps, elle supervise la petite famille et s'assure qu'on ne remarque pas trop l'absence de la «chef» de la maison. Elle refile d'ailleurs de fameux trucs à Papa pour l'aider à «survivre», seul avec sa progéniture.

Parfaits mensonges, imparfaite vérité

Diffusion: lorsque vous vous entêtez à tout faire vous-même

En rediffusion: lorsque vous faites du temps supplémentaire dans votre propre maison

Regarder cette émission avec son conjoint pour découvrir 1 001 raisons de faire équipe avec lui afin qu'il prenne la place qui lui revient dans la vie familiale. Voilà le pari audacieux des concepteurs de ce jeu-questionnaire où les concurrentes doivent répondre la vérité à des questions portant sur l'implication de leur conjoint dans la vie de famille. Papa supportera-t-il cette vérité? «Avez-vous déjà pensé que votre partenaire de vie était bête parce qu'il attachait les robes des filles à l'envers?»; «Vous êtes-vous déjà demandé comment il peut être chef de projet au travail tout en prenant si peu d'initiatives à la maison?»; «Avez-vous constaté des signes de défaillance liés à sa mémoire, comme de ne pas savoir où sont rangées les boîtes de conserve?» Les concurrentes arriveront-elles à n'avoir rien à critiquer chez leur douce moitié et à l'accepter tel qu'il est afin d'éviter des vérités blessantes? Humour et discussions animées garantis!

L'île aux désirs imparfaits

Diffusion: chaque fois que votre couple mérite de se retrouver

En rediffusion: lorsque vous prenez l'habitude d'appeler votre conjoint Papa plutôt que Chéri

Rendez-vous avec la complicité, la tendresse et l'intimité. Des parents fatigués et grincheux sont retirés de leur famille et installés seuls sur une île déserte. Occasion de rapprochement ou constatation que la chimie n'y est plus ? Comment réagiront les couples parachutés sur cette île ? Sauront-ils profiter de ce temps exclusif en couple pour exprimer leurs désirs et raviver la passion ?

Lavez, lavez

Diffusion: lorsque les « minous* » roulent

En rediffusion: lorsque vos gants à récurer sont troués tellement vous en avez abusés

Vous êtes insatisfaite de l'apparence de votre maison ? Le partage des tâches domestiques est un sujet chaud entre votre partenaire et vous ? La propreté vous obsède ? Cette émission s'inspire du documentaire pour vous présenter objectivement les découvertes scientifiques relatives aux articles ménagers. Découvrez des appareils révolutionnaires récemment apparus sur le marché : l'aspirateur central à démarrage automatique dès qu'un peu de poussière est localisée, la sécheuse*-plieuse, le comptoir de cuisine autonettoyant ou même le réfrigérateur à avertisseur de denrées périmées. *Lavez, lavez* s'inspire également de l'infopublicité* en vous offrant la possibilité de commander ces articles par téléphone. Que demander de mieux ? Profitez de la vie plutôt que de passer votre temps à récurer.

À la di Perfecto

Diffusion: quand vous avez un petit creux

En rediffusion: lorsque vous avez vomi votre pizza pochette du souper*

Ce magazine culinaire rempli de saveurs vous ouvre les portes de sa cuisine. Au menu : planification simplifiée et préparation rapide de repas sains, équilibrés et appréciés par toute la famille. Vos enfants font tout un plat avec les légumes verts ? Votre conjoint n'est pas dans son assiette quand vous lui dites qu'un muffin commercial n'est pas réellement une collation* santé ? Mais il est quand même fier quand il vous prend la main dans le sac… de croustilles* ! Qu'à cela ne tienne, Josée Di Perfecto partage avec passion son amour de la bonne bouffe et maintes stratégies pour cuisiner en deux temps, trois mouvements des menus originaux et succulents. Une émission spéciale, réservée aux listes d'épicerie*, vous apprendra à passer maître dans l'art de la rédaction. Même votre conjoint arrivera à comprendre et honorer votre liste d'emplettes lorsqu'il ira au supermarché.

Bon appétit !

Lyson, refais ma maison!

Diffusion: quand l'envie vous prend de déménager plutôt que de ranger

En rediffusion: lorsque votre maison déborde parce que vous conservez tout

Mettre fin au bric-à-brac, faire de l'espace, faciliter le rangement et profiter de votre demeure sont des objectifs qui vous tiennent à cœur? Dégagez un petit coin de votre canapé pour profiter des conseils de cette émission de services originale. Lyson vient à la rescousse de familles imparfaites dont la maison est sens dessus dessous. Elle aide les occupants à jeter, donner ou ranger afin de transformer le fouillis en un lieu apaisant et fonctionnel. Elle réalise des merveilles avec chaque recoin de la maison et se débarrasse de tous les éléments superflus du logis sans le moindre remords.

Course contre la montre

Diffusion: lorsque vous avez l'impression que vos journées sont des marathons

En rediffusion: quand vous êtes épuisée de trop courir

Prenez le temps de syntoniser le *Canal Imperfection* pour cette émission d'aventures qui vous enseigne les rudiments de la gestion du temps. Dans ce grand jeu, les concurrents doivent réussir maintes épreuves en respectant le temps alloué. Des exemples? Planifier sept activités éducatives et amusantes pour une fête d'enfants; trouver le cadeau idéal pour la fête des Pères; préparer un exposé avec diaporama pour un patron exigeant qui en prendra le crédit; faire 45 minutes de relaxation, suivies de 45 minutes d'activité physique intense, puis s'endormir rapidement; accompagner un enfant chez le pédiatre sans avoir de rendez-vous et faire réparer la voiture familiale d'un problème suspect dont on ignore l'origine. Aux concurrents de planifier leurs déplacements, d'optimiser leur horaire et de gérer les impondérables! Auront-ils les habiletés requises?

Une programmation du tonnerre!
Vos téléspectatrices pourront laisser tomber leur quête de perfection
et de performance. Imparfaite, et alors?

Lexique pour les mères imparfaites européennes

101 : dans les collèges québécois (transition entre le secondaire et l'université), on associe les cours à des nombres. Les cours commençant par le nombre 1 s'adressent aux débutants ; ceux commençant par 2 s'adressent aux intermédiaires, et ceux commençant par 3, aux avancés. En ce sens, à la fin de la lecture d'*Imparfaite, et alors ?*, vous pourrez réussir avec brio le cours *Imperfection 301*.

«(Les) Amateurs de sports » : émission radiophonique diffusée quotidiennement durant laquelle les fans finis de sports de tout acabit bombardent les tribunes téléphoniques de leur avis d'auditeurs avertis. On y entend des théories parfois absurdes et les divergences d'opinions au ton enflammé fusent, sur des sujets souvent anodins qui semblent acquérir une importance capitale. Bref, c'est le supplice assuré pour Madame, si elle a le malheur de faire un trajet en voiture avec Monsieur ou de préparer le repas du soir à ses côtés pendant la diffusion de l'émission.

Babillard : tableau d'affichage faisant office de pense-bête, habituellement fait de liège, sur lequel on épingle des messages à l'intention d'autrui. Idéal pour afficher la liste des courses et les tâches urgentes de Papa.

Bedaine : variation du bedon (bidon, en France). Le mot désigne le ventre. Une femme parle fièrement de sa bedaine lorsqu'elle est enceinte et elle peut faire des «prout» sur la bedaine de son bébé pour le faire rire. Par contre, la bedaine a une connotation moins positive si la personne qui la porte est un homme. En effet, lorsqu'on parle d'une «bedaine de bière», on a en tête le ventre arrondi d'un homme non «enceint» (malgré la ressemblance frappante), mais bien enrobé en raison d'une consommation épicurienne d'alcool ou de son passage à la vénérable trentaine, quarantaine ou cinquantaine, qui coïncide bien sûr avec une baisse d'activités physiques.

Biscuits soda : biscuits salés, ou craquelins de forme carrée habituellement assaisonnés de sel s'apparentant aux biscuits TUC. Selon la croyance populaire québécoise, ils ont des propriétés homéopathiques. En effet, en croquer quelques-uns avant de sortir du lit permet d'éviter les nausées de grossesse.

Blonde : voir *chum*.

Bûcher : verbe utilisé pour signifier l'action de couper des arbres, comme le font les bûcherons. Puisqu'il s'agit d'une besogne nécessitant beaucoup d'énergie, au Québec, nous utilisons aussi ce verbe comme l'équivalent de «trimer» ou «travailler dur». Par exemple, une mère imparfaite peut dire qu'elle a «bûché» toute la journée, pour indiquer à sa famille qu'elle est une femme exceptionnellement dévouée, du moins qu'elle s'est donné beaucoup de peine.

Caillou : sympathique personnage de quatre ans au crâne complètement dégarni (d'où la métaphore du caillou). Il est le héros d'émissions de télévision et de livres très appréciés des petits. Les parents de Caillou s'appellent tous deux «Chéri» et «Chérie» et donnent des complexes aux mamans imparfaites : ils ne «pognent» jamais les nerfs (voir cette expression) quand leur fils fait des caprices.

Canadian Tire : magasin du bricoleur par excellence qui, nous ignorons pourquoi, ne se traduit pas par l'expression «Pneu canadien». C'est une quincaillerie qui possède un peu de tout comme des sections automobiles, électroniques, loisirs et outils. L'endroit rêvé pour le magasinage (*shopping*) masculin. Comparable au Brico Dépôt, Leroy Merlin ou Castorama, sauf qu'on y répare également les autos. La croyance populaire veut que ces réparations soient peu dispendieuses, mais faites à la va-vite comme en fait foi l'expression «un mécanicien Canadian Tire».

(Le) Canadien: équipe de hockey professionnel de la ville de Montréal. Tout « mâle » québécois qui se respecte suit de près ou de loin l'évolution de cette équipe, surtout durant les séries éliminatoires menant à l'obtention de la coupe Stanley, emblème de la suprématie dans la ligue nationale. Voilà pourquoi, d'avril à juin, le téléviseur devient soudainement non disponible pour les émissions de Madame. Les rencontres de football entre Paris Saint-Germain et l'Olympique de Marseille soulèvent, semble-t-il, le même délire chez les hommes français.

Cartable: classeur à anneaux que l'on peut ouvrir et fermer aisément afin d'insérer où bon nous semble des feuilles de papier. Au Québec, il ne s'agit pas d'un sac d'école.

Chandail: terme passe-partout, plus générique que le pull, utilisé au Québec pour désigner tout vêtement qui s'enfile par-dessus la tête, qu'importe son allure ou sa composition (coton, laine, manches longues ou courtes, etc.). Ce terme s'avère très pratique pour les pères qui, de toute façon, ne font souvent pas la différence entre le devant et le derrière des vêtements de petites filles.

« Chum »: mot qui se prononce « tchome » et qui désigne l'homme avec qui nous formons un couple. L'utilisent surtout les membres d'un couple non marié. C'est le masculin de « blonde » (même si vous êtes brune ou rousse). En résumé, un *chum* fréquente sa blonde, mais il peut sortir avec ses *chum*s (ici utilisé au sens large, pour décrire un groupe d'amis), pendant que sa blonde sort avec ses « *chum*s de filles » (version féminine de *chum*s : un groupe d'amies). En effet, précédé d'un adjectif qualificatif, le mot acquiert le sens d'ami (ex. : « lui, c'est un bon *chum* » ou « il est mon meilleur *chum* »).

Collant: autocollant pour les enfants. Au Québec, tant en enseignement qu'en éducation, c'est un système de récompense efficace, une façon idéale et peu coûteuse d'encourager les enfants à accomplir des prouesses qu'ils n'ont nulle envie de réaliser, comme devenir propres ou ramasser leurs chambres.

Collation: goûter entre deux repas principaux ou en soirée. Ce repas léger offert aux enfants est généralement sain (fruits, yaourt, fromage ou lait), alors que celui des mamans imparfaites peut entrer dans la catégorie « je-mange-mes-émotions » : chocolat, friandises, croustilles, gâteaux, *cookies* ou – pourquoi pas ! – un bon verre de vin pour supporter une journée trop remplie.

« Cornemuse »: populaire émission pour enfants mettant en vedette des animaux joués par des humains. Évidemment, la chanson-thème de l'émission vient hanter les pensées des parents à des moments inattendus et refuse alors de quitter leur esprit pour un moment.

Cossins: trucs qui fatiguent parce qu'on n'a jamais le temps de les terminer. L'expression : « J'ai réglé plein de cossins aujourd'hui » sied à toute mère imparfaite avide de démontrer à son homme ou à son patron qu'elle s'est occupée efficacement d'achever plusieurs tâches. Il peut aussi s'agir de babioles qui s'accumulent sans qu'on le veuille. La plupart des objets appartenant à votre conjoint ou à vos enfants peuvent être qualifiés de cossins, à l'insu de leurs fiers propriétaires, évidemment.

CPE: Centre de la petite enfance. Il s'agit d'une grande garderie (crèche) subventionnée par le gouvernement, qui utilise un programme éducatif particulier. Pour y avoir une place, on doit inscrire son enfant sur une liste d'attente avant même sa naissance, prier le Seigneur quotidiennement, relancer les bonnes personnes et avoir l'air désespérément dans le besoin. Les CPE accueillent les enfants de 0 à 5 ans et l'attente frise 6 années.

Crottes sur le cœur: tout ce que l'on n'ose pas dire, mais qui nous mine le moral et génère ou attise parfois la rancune. Idéalement, comme il s'agit de crottes (en d'autres mots : caca ou matières fécales), il n'est pas recommandé de les garder sur le cœur. Vaut mieux les partager avec la personne intéressée.

Croustilles : communément appelées par leur nom anglais, *chips*. Il s'agit de pommes de terre tranchées finement qui, cuites dans l'huile ou au four, apportent toujours leur lot de calories vides.

(Avoir des) croûtes à manger : devoir encore cheminer pour arriver à exceller dans un domaine, pour atteindre un objectif précis. Cette expression dérive probablement du fait qu'au Québec, on incite les enfants à manger la croûte du pain pour grandir. Au sens figuré, on indique donc qu'il faut manger des croûtes pour grandir, dans le sens d'évoluer.

CUP : c'est le code universel des produits, un système d'identification numérique largement utilisé au Canada et aux États-Unis. Il se compose d'une série de chiffres et d'un code-barres et il apparaît sur la plupart des produits vendus en magasin.

Débarbouillette : serviette de tissu réutilisable de forme carrée, habituellement large de 15 à 20 cm. Cette lingette s'avère très utile pour nettoyer le visage des enfants ou leurs nombreux dégâts.

Défaite : prétexte, excuse, faux-fuyant. Très utile pour s'éviter des tâches fastidieuses ou pour expliquer que ses bévues n'en sont pas réellement.

(Josée) di Stasio : populaire animatrice de télévision et auteure de livres de recettes passionnée par les délices culinaires. Les recettes qu'elle propose proviennent des quatre coins du monde et possèdent toutes ce petit ingrédient spécial qui les distingue des plus communes. C'est toutefois dommage, car cet élan de créativité et d'originalité rebute PapaOrdinaire à faire l'essai de quelques-unes d'entre elles en vue d'impressionner sa douce moitié.

Donner une bourrée : donner un coup de collier, faire un effort pour réaliser un travail intense qui survient par à-coups.

Drap contour : drap-housse ou drap ajusté, dont les coins coupés sont pourvus d'élastiques de manière à emboîter le matelas. En cas d'ébats trop passionnés ou d'enfants qui bougent trop en dormant, il a tendance à ne pas rester en place. Il est impossible à plier correctement.

Éducateur, éducatrice : puériculteur, puéricultrice ou nourrice agréée en milieu familial, c'est-à-dire une personne formée en éducation à la petite enfance. Lorsque la personne qui s'occupe de l'enfant n'a pas de diplôme, on la nomme gardienne d'enfants.

Elvis Gratton : grotesque personnage du petit et du grand écran québécois. Graton se plaît à imiter Elvis Presley et éprouve une admiration sans bornes pour la façon dont les Américains nourrissent des aspirations démesurées. C'est de cet engouement pour nos voisins du Sud que provient la devise du personnage, *Think big !* (pensez grand).

Épicerie : supermarché d'alimentation tel que Carrefour, Leclerc, Intermarché ou Auchan. Faire l'épicerie, au Québec, est synonyme de faire les courses alimentaires. La liste d'épicerie, quant à elle, est une forme non savante de littérature dans laquelle plusieurs mamans québécoises excellent. En effet, si elles ont la chance d'avoir un conjoint chargé de « faire la commande », il vaut mieux fournir à ce dernier une liste détaillée des achats à faire, sans quoi la planification des menus de la semaine est en péril.

Fromage cottage : fromage très léger et maigre ayant l'apparence peu ragoûtante d'une crème blanche composée de petits morceaux blancs et mous. Ce fromage a peu de goût mais, pour se donner bonne conscience de manger sainement, on en tartine les rôties (voir ce terme) ou on le mélange avec des fruits frais. Ces pauvres bébés, pendant le passage aux aliments complémentaires, le mangent nature.

"Fucking four": phase un peu plus agréable que le *terrible two* (voir ce terme), où l'enfant d'environ quatre ans affiche un regain d'affirmation de soi et laisse présager l'adolescent rebelle qu'il deviendra.

Gardienne: voir aussi éducatrice. Lorsque la gardienne est une «petite gardienne», il s'agit d'une jeune adolescente sans souci qui prend soin des enfants pendant que les parents se paient du bon temps. L'âge de nos *babysitters* varie habituellement de 13 à 17 ans.

Gregory Charles: Québécois aux multiples talents et à la diction rapide. Il peut chanter, danser et jouer de la plupart des instruments de musique. Il dirige une chorale et donne des spectacles musicaux très prisés où il improvise n'importe quelle chanson demandée par le public. Il fut aussi comédien pendant les années 90 et est réputé pour sa douance et son énergie sans limites. La légende urbaine veut qu'il ne dorme que 2 ou 3 heures par nuit.

Infopublicité: téléachat, émission de télévision qui fait la promotion d'un produit à l'aide de témoignages supposément réels et d'incitations à commander immédiatement pour profiter de l'offre absolument exceptionnelle qu'on y propose. Remboursement garanti sans aucune question. Frais de port et de manutention exorbitants.

«Irish Spring»: savon de couleur verte à l'odeur prononcée et typiquement masculine. C'est le savon pour hommes par excellence. Il est associé aux premières images de mâle musclé sous la douche qu'on a eu l'occasion de voir dans notre tendre jeunesse, grâce à une publicité des années 80.

Lousse: québécisme qui vient probablement du mot anglais *loose*, qui signifie «libre, détaché, qui dispose de beaucoup d'espace». Par exemple, si vous laissez vos cheveux lousses, c'est qu'ils ne sont pas attachés. Et si vous êtes lousse dans vos pantalons, réjouissez-vous de la bonne nouvelle, car vous avez maigri! Si vous laissez du lousse à votre conjoint, c'est qu'il a de la latitude pour sortir et faire des activités en solo, d'où les «airs lousses» pour s'évader (comme les *Air Miles*, ce programme de fidélisation par lequel on accumule des points en achetant chez certains marchands, points qui permettent de se procurer des billets d'avion à rabais, voire gratuitement).

Lulu: coiffure simple qui consiste à attacher les cheveux des petites filles en deux couettes de part et d'autre de la tête avec des élastiques. Les lulus sont non recommandées pour les adolescentes, mais idéales pour les mères de famille de 35 ans qui veulent avoir l'air d'en avoir seulement 20.

«Lunch»: casse-croûte, repas léger du midi, habituellement pris à l'extérieur de la maison (au travail, à l'école), souvent préparé par une personne de sexe féminin (allez savoir pourquoi) et placé dans un contenant réutilisable et isolant communément appelé «boîte à *lunch*» (une gamelle). En raison de leur préparation quotidienne, les *lunchs* sont le plus grand casse-tête des mamans, car ils nécessitent le développement de plusieurs compétences personnelles comme la discipline et la créativité.

M. Net: sympathique homme très musclé qui figure sur l'étiquette du produit de nettoyage de marque M. Net. Semble-t-il que votre M. Propre a exactement la même tête! C'est l'homme idéal à avoir à la maison: il nettoie les parquets, les salles de bain, la cuisine… Votre conjoint devrait prendre exemple sur lui.

Magasinage: la version québécoise du *shopping*. Cette activité est aussi coûteuse de notre côté de l'Atlantique, mais nécessite des dollars canadiens plutôt que des euros.

Maman Dion: extraordinaire mère de 14 enfants qui s'est illustrée par ses talents de cuisinière, mais surtout par sa célèbre fille, vedette internationale de la chanson: Céline Dion.

Martha Stewart: remarquable fée du logis américaine. Elle est la référence pour une table bien mise et des décorations de Noël que vous garderez peut-être jusqu'en février, tellement elles sont imposantes et complexes. Ses habiletés à transformer sa maison en œuvre d'art s'apparentent aux manies perfectionnistes de Bree, incarnée par Marcia Cross dans l'émission *Beautés désespérées (Desperate Housewives)*.

Message-je: technique de communication et d'écoute active qui implique l'emploi du «je» pour exprimer ses besoins et émotions à l'autre. Les jeunes élèves apprennent très souvent à l'école cette technique de résolution de conflits. Cette méthode permet en théorie d'être mieux compris de l'autre, mais gare à une utilisation du genre : «JE trouve que tu es stupide.» Cela ne démontre pas une bonne compréhension de la technique.

Minou: terme affectueux, également mot utilisé pour parler des chats, mais aussi des amas de poussière qui apparaissent dans les recoins de chaque pièce de la maison, si on tarde à faire le ménage. Nos minous québécois sont-ils plus discrets que vos moutons ?

Mitaine: pièce d'habillement qui recouvre la main, enveloppant le pouce séparément et les autres doigts ensemble, de manière à offrir une plus grande protection que le gant contre le froid, tout en permettant à la main de saisir des objets, version québécoise de moufle. Beaucoup plus faciles à enfiler aux jeunes enfants, les mitaines permettent de gagner de précieuses minutes dans la très longue routine de l'habillement hivernal québécois.

«Mon fantôme d'amour»: la version française du film sensuel *Ghost*, avec Patrick Swayze (paix à son âme! Anik ne s'en est toujours pas remise) et Demi Moore (1990). L'une des meilleures scènes est celle où Demi, vêtue d'une simple blouse blanche, fait de la poterie avec Patrick. Enduits de glaise, ils s'enlacent passionnément (nous vous épargnons les détails).

Pain doré: l'équivalent du pain perdu. Autrement dit, une tranche de pain trempée dans un mélange d'œufs battus, de lait et de sucre que l'on dore dans la poêle. Au Québec, le pain doré est habituellement arrosé de sirop d'érable lors de sa dégustation.

«Party» (de bureau): le terme *party* vient de l'anglais. Son usage est répandu au Québec, dans le sens de fête où se réunissent des amis ou, dans le cas qui nous occupe ici, des collègues de travail. Habituellement, plusieurs d'entre eux boivent un peu trop. C'est pourquoi ce type de fête a la réputation d'être l'ennemi de la fidélité dans le couple. Heureusement (tout est relatif), les conjoints sont invités à certains *partys* de bureau.

Pataugeuse: option à la portée des familles imparfaites qui ne veulent pas prendre la peine d'entretenir une grande piscine. Il s'agit souvent d'une petite piscine gonflable ou en plastique destinée aux enfants, puisqu'elle mesure plus ou moins 30 cm de haut et a 1,5 m de diamètre. Elle fait pourtant le bonheur des petits qui barbotent à leur aise pendant que leurs parents lisent un bon livre ou se font bronzer à leurs côtés.

Pâté chinois (ou pâté de Chine): plat ressemblant au hachis Parmentier. Bien que les hypothèses sur l'origine du pâté chinois soient multiples (et n'aient bizarrement aucun lien avec la Chine), le déguster fait partie des coutumes alimentaires québécoises. La recette est simple : bœuf haché, maïs en crème et pommes de terre pilées superposés en trois étages et cuits au four. Puisque le pâté chinois est une recette vite faite (et si peu compliquée qu'elle se veut une spécialité culinaire de Papa) et pas suffisamment relevée pour les repas des grands soirs, certains l'appellent «pâté de Chine» pour lui donner une connotation plus élégante.

Péteuse de balloune: personne qui détruit, consciemment ou non, la joie ou l'espoir de son entourage. Cette expression vient probablement d'une vieille légende : lorsque quelqu'un fait éclater, consciemment ou non, le ballon de baudruche d'un enfant, cela suscite toujours une vive réaction négative chez ce dernier.

Phentex: nom commercial pour cette imitation synthétique, rugueuse et peu coûteuse de la laine. Ce matériel est très prisé par les dames d'un certain âge pour confectionner des pantoufles ou de petits «protège-pattes-de-table» au tricot. Certaines vont même jusqu'à tresser ces fils pour recouvrir coquettement les cintres. Ringard à souhait.

Plate: ennuyeux. «C'est plate!» Voilà une expression que les enfants (et les adultes) utilisent beaucoup au Québec pour signifier qu'ils s'ennuient, mais aussi qu'un événement est dommage : «C'est plate, Maman a mangé le dernier bonbon!»

Pli de fauteuil: expression par excellence pour signifier la paresse. Les origines sont diverses. Il peut s'agir du pli que l'on peut développer dans la région des cuisses, des fesses ou du ventre si l'on demeure trop longtemps assis à ne rien faire. Il peut s'agir aussi de quelqu'un qui reste si longtemps sur le canapé qu'il en vient à se fondre dans les plis du tissu qui le recouvre. Dans un cas comme dans l'autre, cette expression est liée à une autre : «sportif de salon» (voir plus loin).

Pogner les nerfs: péter les plombs, péter sa coche. Énervement excessif généralement accompagné d'une surdose de colère, de mauvaise humeur et d'impatience. Tout parent québécois qui «pogne» les nerfs, s'il est pris sur les entrefaites, est un excellent candidat à une audition dans une école de théâtre.

(En) prendre pour son rhume: récolter ce que l'on sème, souffrir de quelque chose, en subir des conséquences plutôt néfastes. En passant, la saison du rhume québécois s'étend du 1er septembre au 31 août… Voilà à peine une exagération, étant donné les variations de temps si fréquentes et si propices au développement du rhume.

Prioriser: Placer en ordre d'importance et de préférence certaines tâches ou activités. Génétiquement, les hommes et les femmes, en raison de leur sexe, ont des critères différents pour faire passer en premier certains éléments.

RDS ou RDS.ca: populaire Réseau des Sports de la télévision québécoise dont la version Internet équivaut à *Eurosport*. On y diffuse en continu des nouvelles liées au monde sportif. Sports en direct, actualités sportives et tribunes sportives : tout y est pour le sportif de salon (voir cette expression).

Rôtie: tartine. Tranche de pain de mie grillée que l'on fait dorer au grille-pain et que l'on nappe généralement de beurre, de confiture ou de beurre d'arachide. Selon la loi de Murphy, elle tombe habituellement du côté tartiné si on l'échappe par terre.

Salsa: sauce salsa. Cette sauce d'origine mexicaine renferme un mélange de tomates, de piments forts, d'ail et d'oignons. On l'utilise, un peu comme le guacamole (purée d'avocat), comme accompagnement – entre autres, pour les croustilles de maïs.

Sandwich à la crème glacée: barre glacée, friandise créée à l'aide de deux biscuits au chocolat entre lesquels on a mis une couche de glace. Succulent plaisir estival !

Sécheuse: mot uniformément utilisé au Québec pour désigner le sèche-linge. La sécheuse a un mode de fonctionnement fort complexe pour le cerveau masculin. En effet, certains hommes préfèrent ne pas l'utiliser pour ne pas subir les foudres de leur douce après le dur traitement subi par les vêtements pendant le cycle de séchage.

Set carré: danse folklorique québécoise où les pas des danseurs font en sorte que ces derniers se déplacent en suivant un carré imaginaire sur la piste de danse. Cette danse en ligne a un petit côté démodé, dont se moquent ouvertement adolescents et jeunes adultes qui ne sont pas sous l'effet d'une boisson alcoolisée.

Souper: l'équivalent du dîner français. Au Québec, les trois repas principaux sont : le déjeuner, le dîner et le souper. Évidemment, il y a aussi les collations (voir ce terme).

Sport de salon ou sportif de salon: Espèce masculine commune qui, d'après notre source, existe aussi en France. Ce spécimen se plaît à regarder le sport à la télévision, confortablement assis, il va sans dire, plutôt que de pratiquer le sport en question.

"Stand-up": spectacle solo, approprié aux humoristes qui se tiennent debout (de l'anglais *stand-up*) sur la scène pour faire leur numéro d'humour. Il signifie, dans ce cas particulier, que les parents font des pieds et des mains pour offrir une bonne performance.

Suce: l'équivalent québécois de la tétine. Ici, les enfants sucent leur suce ou sucette plutôt que de téter leur tétine. Entendons-nous, le résultat est le même et la dépendance, tout aussi réelle…

Téléroman: série télévisée québécoise de longue haleine comparable aux séries américaines. Bien que leur budget de production soit plus raisonnable et que leurs acteurs aient une apparence moins refaite, leur trame demeure tout aussi intéressante. La plupart des Québécoises raffolent des téléromans : les meilleurs d'entre eux constituent des sujets de prédilection dans les conversations de plusieurs mères imparfaites.

Télésérie: production télévisée (souvent) américaine dont l'intrigue est complexe et remplie de rebondissements. La télésérie s'apparente au téléroman, bien que le temps de diffusion, généralement plus court, soit d'environ deux ou trois saisons. La fin est déjà prévue, en quelque sorte, alors que les auteurs rédigent au fur et à mesure le téléroman, sans vraiment savoir quand ni comment se terminera l'histoire.

"Terrible two": époque du «terrible deux», soit le moment où un enfant de plus ou moins deux ans découvre avec plaisir (le sien, pas celui de ses parents) l'affirmation de soi et le pouvoir incroyable du mot «non». Cette période vient en option avec les crises qui ne finissent plus et l'utilisation du mot «non» à toutes les sauces, même pour signifier son accord. Dans certains cas, cette période se poursuit jusqu'au *fucking four* (voir cette expression).

«Toc Toc Toc»: émission pour enfants que ces derniers commencent curieusement à écouter dès que leur intérêt pour *Cornemuse* (voir ce terme) décline.

"To do list": liste de tâches à exécuter (de l'anglais, *to do list*). Cette liste est souvent maléfique : à peine y aurez-vous raturé un élément que deux ou trois autres nouvelles tâches y apparaîtront. Pour enrayer ce mauvais sort, créez de nouvelles listes plutôt que de faire des ajouts à celles déjà existantes. Vous pourrez ainsi avoir la satisfaction de compléter certaines listes (même si la quantité de listes augmente pendant ce temps).

Trempette: sauce épaisse et assaisonnée, souvent à base de mayonnaise, utilisée pour tremper les légumes servis en crudités et les croustilles.

Tuque: vêtement associé au folklore québécois conçu spécialement pour contredire les parents. Ce bonnet de laine ou de tissu synthétique épais est habituellement enfilé jusqu'en dessous des oreilles. La définition dit qu'on la porte «généralement» pour se protéger du froid. Cependant, les adolescents font fi de cet adverbe, car ils la portent à longueur d'année. Certains enfants font de même en refusant de la porter en hiver (ils invoquent qu'elle n'est plus en vogue).

Vadrouille: serpillière, balai à franges ou balai à laver les planchers. Cet objet exerce un attrait certain chez les petits, qui veulent aider Maman à nettoyer alors qu'ils ne sont pas en âge de le faire convenablement. Bizarrement, dès que les habiletés motrices des jeunes leurs permettent d'utiliser avec efficacité la vadrouille, ces derniers perdent tout intérêt pour ce pratique objet.

Vente de garage: foire à tout, vide-grenier, vente-débarras. Activité qui consiste à s'installer dehors, devant sa maison, pour vendre tous les objets dont on souhaite se débarrasser en espérant que le prix ridicule demandé empêche les acheteurs éventuels de constater leur inutilité tant pour eux que pour vous. Évidemment, on doit vendre quelques objets de qualité, mais qui ne servent plus, question d'attirer la clientèle.

Viser A: système de notation utilisé dans le monde éducatif québécois. Ce système utilise les lettres de A à E qui peuvent être précisées par un + ou un − (ex.: B-, C+). La meilleure note possible est A+ alors que E est synonyme d'échec. Votre conjoint obtient E quand il oublie votre anniversaire. Vous méritez un A quand vous arrivez à coucher les enfants sans qu'ils viennent vous demander de boire un verre d'eau ou d'aller à la toilette.

Yogourt: l'équivalent du yaourt que nous prononçons «yogour». Les femmes au régime optent pour la version glacée (nettement moins calorique que la crème glacée!) et le préfèrent nettement au fromage cottage (voir l'expression) afin de contenter leur goût du sucre.

Poursuivez cette ascension originale vers l'imperfection
et distinguez l'essentiel de l'accessoire sur:

www.imparfaite-et-alors.com